**rowohlts monographien
begründet von Kurt Kusenberg
herausgegeben
von Klaus Schröter**

Malcolm Lowry

**mit Selbstzeugnissen
und Bilddokumenten
dargestellt von
Heribert Hoven**

Rowohlt

Meinen und allen Kindern:
der Zukunft trotz alledem

Dieser Band wurde eigens für «rowohlts monographien» geschrieben
Den Anhang besorgte der Autor
Herausgeber: Klaus Schröter
Mitarbeit: Uwe Naumann
Assistenz: Erika Ahlers
Schlußredaktion: K. A. Eberle
Umschlagentwurf: Werner Rebhuhn
Vorderseite: Malcolm Lowry auf Curaçao, 1947
(Privatsammlung Margerie Lowry)
Rückseite: Quetzalcoatl, die gefiederte Schlange aus der
mexikanischen Mythologie (Sammlung des Autors)

Veröffentlicht im Rowohlt Taschenbuch Verlag GmbH,
Reinbek bei Hamburg, Juli 1988
Copyright © 1988 by Rowohlt Taschenbuch Verlag GmbH,
Reinbek bei Hamburg
Alle Rechte an dieser Ausgabe vorbehalten
Satz Times (Linotron 202)
Gesamtherstellung Clausen & Bosse, Leck
Printed in Germany
1080-ISBN 3 499 50414 6

Inhalt

Malcolm Lowry

«Bei Anbruch der Nacht eine seltsame Ahnung von Erlösung»[1]*

Malcolm Lowry und die Kunst

Das kommt in ein paar Jahren, zusammen mit der unvermeidlichen Aufrüstung für den nächsten Krieg. Dein armseliges bißchen Besitz wird nicht vor Entweihung sicher sein, wo du auch bist. Und dann, wenn sie fast alle Schönheit des Landes durch Industrie total vernichtet und die Gewässer und das Regenwasser gründlich versaut haben... wird ein gottverlassener Idiot eine Atombombe auf die ganze Chose werfen, und das geschieht ihnen dann auch ganz recht!... Das einzige, was fehlt, ist ein Bild des Fortschritts in Gestalt von Jesus Christus, der eine Lokomotive durch einen jungfräulichen Wald fährt.[2] Als Malcolm Lowry 1949, *am Ende* des *vierten Jahres des Atomzeitalters*[3], seine Vision vom wüsten Land niederschrieb, hatte er die letzten Tage der Menschheit bereits Jahre zuvor in einem Roman beschworen, der *Unter dem Vulkan* heißt und als «Schlüssel-Epos unseres Jahrhunderts» (Wolf Wondratschek) bisher in zwanzig Sprachen übersetzt worden ist.

Gleichzeitig mit dem *Vulkan*, wie Lowry den Titel stets abkürzte, waren 1947 Thomas Manns Endzeitroman «Doktor Faustus» und die «Dialektik der Aufklärung» von Horkheimer / Adorno erschienen, Werke, die mit Lowrys Roman nicht nur das Erscheinungsjahr gemeinsam haben. Während die deutschen Autoren das Scheitern der zurückliegenden Epoche thematisieren, beschreibt der Engländer die *Trunkenheit der Welt*[4] als einen Prozeß fortschreitender Auflösung, der heute mehr denn je unaufhaltsam scheint. Wie die beiden Philosophen sieht Lowry die Ursachen des Niedergangs im Verfall des abendländischen Denkens. Die Entwicklung der Technik, die eine bessere Welt versprach, leistet ihrer Zerstörung Vorschub. Die Wissenschaftler, die den Menschen zum Herrn der Apokalypse machten, haben den Anspruch auf Sinn und Erkenntnis des Ganzen aufgegeben und erschöpfen sich im Klassifizieren des Wahr-

* Die hochgestellten Ziffern verweisen auf die Anmerkungen S. 128 f.

nehmbaren. «Mit der Versachlichung des Geistes», erkannten Horkheimer und Adorno, «wurden die Beziehungen der Menschen selber verhext, auch die jedes Einzelnen zu sich.»[5] Diesen Zustand allgemeiner Entfremdung erfaßt die Kunst der Moderne, indem sie die Krankheit zur Metapher umprägt. Der Tonsetzer Adrian Leverkühn alias «Doktor Faustus» und der Konsul Geoffrey Firmin im *Vulkan* sind Exponenten dieser Krankheit und zugleich deren schärfste Analytiker. Beide leiden an einer dämonischen Besessenheit, welche nichts anderes ist als die Hypertrophie des Ego, die es unmöglich macht, zu lieben und geliebt zu werden.

Doch anders als Thomas Mann, der die Wurzeln des todbringenden Leidens in Deutschland und besonders im 19. Jahrhundert aufspürt, geht Lowry weiter zurück, verfolgt er den Riß, der die Welt zu spalten droht, bis auf den Grund, wo der Mythos in den Fesseln eines aufgeklärten Geistes liegt. Zugleich dringt er, ohne sich um den Rückweg zu kümmern, in Bereiche vor, die jenseits der historischen Erfahrung liegen: *Und so sehe ich mich zuweilen als einen großen Forscher, der ein außerordentliches Land entdeckt hat, aus dem er niemals zurückkehren kann, um der Welt davon zu berichten; aber der Name dieses Landes ist Hölle.*[6] Vor dieser Region versagen die traditionellen Mittel der Darstellung. Lowry weiß um die Schwierigkeiten und schreibt darüber. Wer *etwas Neues über das Höllenfeuer erzählen*[7] will, muß den Weg durch das Inferno gegangen sein. Deshalb sind Lowrys Romane keine fiktiven Schöpfungen, sondern Erinnerungen und somit eigentlich keine Romane mehr. Darin liegt ihre Modernität. Den Blick unbeirrbar auf den Abgrund gerichtet, erneuert Lowry den Anspruch der Kunst, das Gegenteil als gewünscht zu entwerfen. Als Kassandra ist er indes ungeeignet. Noch die eingangs zitierte Untergangsgewißheit entstammt ja einem Werk, in dem gegen jede tragische Weltsicht Glücksverheißungen aufleuchten und, anders als in einer Literatur, die sich am morbiden Glanz der Dekadenz ergötzt, die durchaus beeinflußbaren Ursachen des Verhängnisses genannt werden. Daß Versöhnung möglich sei, wurde in Lowrys Leben und Werk zur konkreten Utopie, daß sie mißlingen könnte, zur ständigen Bedrohung. In einem manischen Arbeitsprozeß versuchte er, das Erlösungsversprechen der Kunst einzuklagen. «Man muß davon ausgehen, daß auf jede veröffentlichte Seite Lowrys zweihundert unveröffentlichte kommen»[8], stellt sein Biograph Douglas Day fest. *Wenn man das* Schreiben *wegnahm,* davon zeigte sich Lowry überzeugt, *schien sein Leben, objektiv betrachtet, überhaupt keinen Sinn zu haben.*[9]

Wer war dieser Mann, dessen Leben ein enger Freund «einen einzigen Witz» nannte[10] und der gleichwohl voller Hoffnung ausrief: *Das Leben rette uns alle.*[11] Die einen nennen ihn *den größten und erfolgreichsten Schriftsteller Kanadas*[12], die anderen «den bedeutendsten Romanautor, den Cambridge je hervorgebracht hat»[13]. Keiner seiner Romane spielt in England, wo er geboren wurde und aufwuchs; der Schauplatz der meisten

Malcolm Lowry. Zeichnung von David Levine

ist ein Land, in dem er kaum zwei Jahre seines Lebens verbrachte: Mexiko. Ist er, wie viele meinen, ein tragisch-genialer Ein-Buch-Autor, der nach dem *Vulkan* keinen Roman mehr zu vollenden vermochte? Oder ist er nicht gerade in dem Fragmentarischen, das erst nach seinem Tod veröffentlicht wurde und das den weitaus größten Teil seines Schaffens umfaßt, der bis heute verkannte, aber, so Gordon Bowker, «wichtigste experimentelle Autor unserer Zeit»[14], der lange vor Joseph Beuys den Kunstbegriff radikal erweiterte und alle kategoriale Sicherheit aufbrach, indem er behauptete, daß *in jedem Menschen ein Künstler, ein Dichter steckt*[15]...? Sich selbst betrachtete Lowry als *Experiment Gottes*. Er glaubte, *daß Gott schon oft über ihn gestaunt haben müßte*[16]. Denn *an der Oberfläche war er*

9

nichts als ein Trinker[17], der daran zweifelte, ob seine Arbeit je als *eine Form der Sühne*[18] Anerkennung finden würde.

Trotz dreier Anläufe, Lowry in Deutschland bekannt zu machen[19], zuletzt mit einer repräsentativen Gesamtausgabe, bleibt das Interesse hierzulande gering, verglichen mit dem an James Joyce, in dessen Nähe Lowry oft und zu seinem Leidwesen gerückt wurde. François Bondy nennt Lowry den «unbekannten Großen»[20], und dies in einem Land, über das der Autor seinen deutschen Übersetzer mit dem Bekenntnis überraschte: ... *die Einflüsse, die den «Vulkan» geformt haben, sind in hohem Maße und großenteils deutsch* ...[21] In Frankreich feiert man Lowry als Wegbereiter des Nouveau Roman und im angelsächsischen Sprachraum hat die Erhebung des Autors zur Kultfigur ein Ausmaß angenommen, das dazu berechtigt, von einer «Lowry-Industrie»[22] zu sprechen, die eine Fülle wissenschaftlicher Untersuchungen, unter anderem einen unentbehrlichen Kommentar zum *Vulkan,* diverse biographische Dokumentationen, das Periodikum «Malcolm Lowry Review», mehrere Hörspielfassungen sowie die Verfilmung von *Unter dem Vulkan* und ein Schauspiel über einen Ausschnitt von Lowrys an Dramatik nicht gerade armen Leben hervorgebracht hat. Seit 1984 trifft sich außerdem die internationale Fan-Gemeinde zu regelmäßigen Symposien.

Da Lowry ein fanatischer Leser war, der noch die entlegenste Lesefrucht für seine Arbeit nutzbar machte, sind dem gelehrten Spürsinn keine Grenzen gesetzt. Jeder neue Interpret kann sich auf den Autor berufen, der sein Hauptwerk als ein Buch bezeichnete, das man *unendlich oft lesen können sollte, ohne je alle seine Bedeutungen oder seine Dramatik oder Poesie auszuschöpfen*[23]. Einmal auf der Fährte und trotz des Konsuls Warnung: ... *meine Geheimnisse* ... *müssen gehütet werden*[24], neigen vor allem Fachwissenschaftler dazu, Lowrys Werke als Allegorien aufzufassen, die nur durch das eigene Arbeitsgebiet aufzuschlüsseln sind. Eindrucksvoll werden die unterschiedlichsten Einflüsse als prägend nachgewiesen. Leicht könnte man eine öffentliche Bibliothek mit Büchern der Autoren füllen, die man in Lowrys Werken entdeckt oder zu erkennen glaubt. Alle Ordnungsversuche scheint Lowry karikieren zu wollen, wenn er auf *den Zauber von Dr. Lowrys dialektisch-Hegelianisch-spiritualistisch-kabbalistisch-Swedenborgianisch-konservativ-christlichem Anarchismus*[25] verweist und damit deutlich zu erkennen gibt, daß ihm jeder Standpunkt längst abhanden gekommen ist.

Malcolm Lowrys grandioses Maskenspiel unterzieht Day in seiner opulenten Biographie einer kritischen Prüfung, eine Arbeit, welche Muriel C. Bradbrook in ihrer Untersuchung über die frühen Jahre des Autors als «ein für allemal gültig» würdigt.[26] Das von Day entworfene Porträt wird für die kanadischen Jahre durch Tony Kilgallins Befragung von Zeitgenossen ergänzt und teilweise durch die von Bowker in «Malcolm Lowry Remembered» gesammelten Interviews korrigiert. Alle Zeugnisse hinterlassen indes den irritierenden Eindruck, daß jeder einem anderen Lowry begegnet ist. Dies liegt durchaus in der Absicht eines Autors, der unermüdlich an der eigenen, keineswegs immer heiligen Legende arbeitete. Schwerlich wird man zu einer Einsicht über Lowry gelangen, die dieser nicht selber angeregt oder bereits besser formuliert hätte. Wer den *Vulkan* gelesen hat, glaubt den Autor bis in den letzten Winkel seiner Seele zu kennen, ein Trugschluß angesichts eines Mannes, der kaum je eine eindeutige Vorstellung von sich zu entwickeln wußte. Dabei war sein Leben, von dessen Modellcharakter er sich überzeugt zeigte, das einzige Material, mit dem er umging. Um es vor den Abgründen zu bewahren, die sich ihm, wie kaum einem anderen, eröffneten, organisierte er es zum Kunstwerk: ... *er schien zu sehen, wie das Leben in die Kunst strömte: wie die Kunst dem Leben Form und Sinn gibt und weiter ins Leben strömt, und doch ist das Leben nicht stehengeblieben; das wurde immer übersehen: wie ein durch die Kunst verwandeltes Leben weiteren Sinn suchte durch von Leben verwandelte Kunst.*[27] Lowrys vielfach erörterter Hang zur Autobiographie veränderte seine Erfahrungsweise; die Kunstübung färbte ab, bis er nicht mehr zu entscheiden vermochte, wie weit das Erlebte überhaupt noch der ästhetischen Umgestaltung bedurfte. Days zentrale These, wonach Lowrys Interesse allein der eigenen Person gegolten hat, wäre somit zu modifizieren: das einzige Thema, das Lowry schonungslos selbstkritisch, aber auch mit beachtlicher Kraft zur Verdrängung beherrschte, hieß: der Künstler Malcolm Lowry. Wie sehr hier ein Leben vom Werk her entworfen, am Ende gar, was Lowry stets befürchtete, von diesem eingeholt wird, soll die nachfolgende Studie erhellen.

«Die blühende Vergangenheit»[28]

Herkunft, Kindheit, Schule

...schließlich stamme ich aus einer vom Jagen und Schießen besessenen Familie aus der Nähe von Liverpool, in der man von Literatur nichts hielt.[29] Das Bild, das Lowry hier für den Freund und Schriftsteller David Markson von seinem Elternhaus entwirft, ist nachweislich falsch und doch bezeichnend. Wie Proust vom Gewicht der Vergangenheit überzeugt, glaubte Lowry ihrer Tyrannei zu entgehen, indem er sie künstlerisch nutzte: *Bei meinen Bemühungen, meine Vergangenheit im Hinblick auf einen höheren Zweck zu verarbeiten, hatte ich manchmal das Gefühl, ihr gleichsam mit Hammer und Brecheisen zuleibe zu gehen. In gewisser Weise veränderte ich sie, indem ich mich selbst veränderte.*[30] Die so erst geschaffene Vergangenheit wird zum Symbol, das die historische Wahrheit aufsaugt und daher für den Chronisten nur bedingt brauchbar ist. Tatsächlich klingt Lowrys Rückblick auf seine Herkunft eher wie eine Rechtfertigung dafür, daß in einer Familie, in der allein Erfolg, Leistung und Bürgersinn zählten, aus ihm ein Schriftsteller wurde, ein schwarzes Schaf, zeitlebens angewiesen auf die Unterstützung durch die Verwandten.

Die Mutter Evelyn (1873–1950) kam aus dem gehobenen Bürgertum Liverpools. Ihr Vater, Lyon Boden, findet in Lowrys Schriften Eingang als *mein Großvater, Kapitän des Windjammers «Schottische Inseln»*[31]. Als er bereits mit 28 Jahren auf einer Reise im Indischen Ozean an Cholera verstarb und das Schiff bald darauf im Sturm sank, hinterließ er dem Enkel die Sehnsucht nach dem Meer und den fernen Ländern jenseits des Ozeans. Sein dramatischer Tod war der Stoff, aus dem sich endlos Geschichten spinnen ließen. Es *ist wie ein Wunder,* begrüßt Lowry das großväterliche Vermächtnis und läßt eine Romanfigur fortfahren: *...wo ich auch bin, hoch oben in der Luft oder tief unten im Meer oder in den Bergen, egal wo, überall weiß ich eine Geschichte. Man kann mich hinstecken, wohin man will, sogar ins Gefängnis. Ob ich sitze oder nicht sitze, ob ich esse oder nicht esse, ich pack' das alles in die Geschichte, dadurch wird's ja erst eine Geschichte.*[32] Die väterlichen Vorfahren des sich hier so selbstbewußt ankündigenden Erzähltalents stammten aus dem Lake District. Als Jüng-

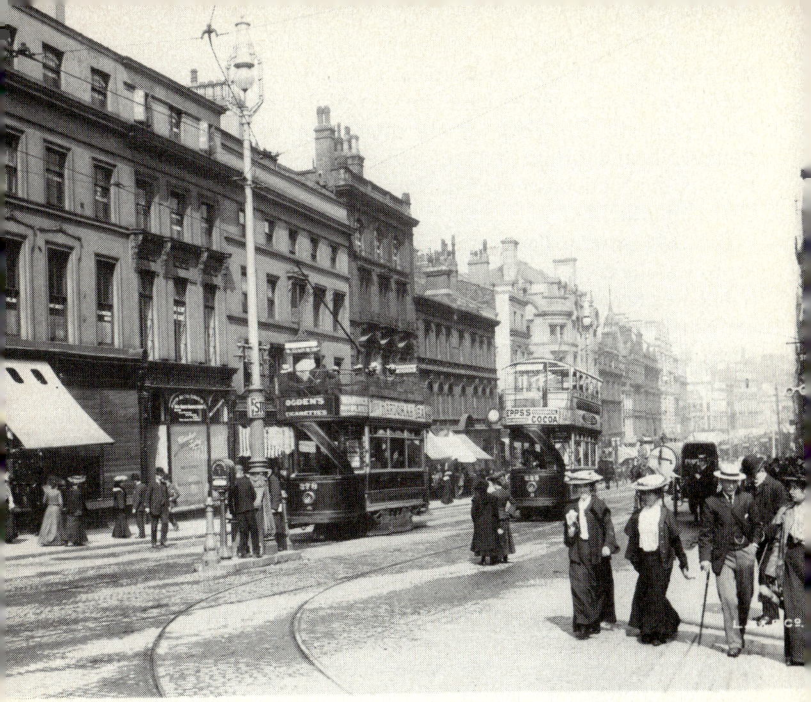
OGDEN'S
EPPS'S
COCOA

Liverpool, Anfang des 20. Jahrhunderts

Liverpool Bay mit den Ortschaften Wallasey und Caldy

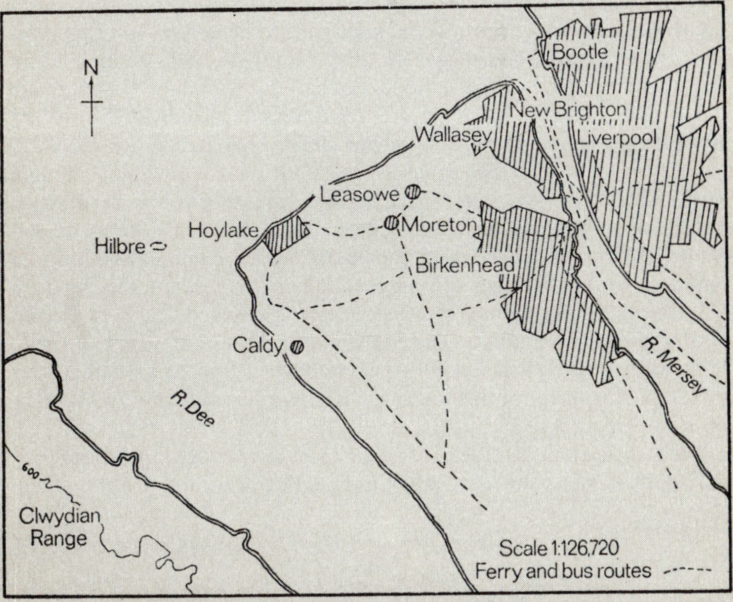
N
Bootle
New Brighton
Wallasey
Liverpool
Leasowe
Moreton
Hoylake
Hilbre
Birkenhead
Caldy
R. Mersey
R. Dee
600
Clwydian
Range
Scale 1:126,720
Ferry and bus routes

ster unter dreizehn Geschwistern hatte es Lowrys Vater, Arthur Osborne (1870–1945), mit eiserner Disziplin zum erfolgreichen Liverpooler Kaufmann gebracht. Ein *Tory wie nur einer*[33], war er Hauptteilhaber einer Baumwollhandelsfirma und Aufsichtsratmitglied verschiedener anderer Firmen, die Niederlassungen in Nord- und Südamerika sowie im Nahen Osten unterhielten.

Das 1894 getraute Paar hatte vier Söhne: Stuart Osborne (1895–1969), Wilfrid Malbon (geb. 1900), Arthur Russell (geb. 1905); als letzter der Söhne wurde am 28. Juli 1909 Clarence Malcolm im Hause Warren Crest am North Drive in Wallasey, Grafschaft Cheshire, geboren. Dem Geburtsort gegenüber, am anderen Ufer des Flusses Mersey, breitet sich die Industriestadt Liverpool aus. Dorthin fuhr der Vater täglich zur Arbeit, wo die bürgerliche Gesellschaft noch Triumphe feierte, während sich bereits ihr Scheitern ankündigte. *Um uns herum im Nebel lag das außergewöhnliche Gebiet der Industriellen Revolution und der ersten Straßenbahnen,* so steckt später Lowry, der sich zeitlebens von unüberwindlichen Gegensätzen bedroht sah, das Spannungsfeld ab, in das er hineingeboren wurde, *wo Wilfred Owen zur Schule gegangen war und Nathaniel Hawthorne als Konsul wirkte, wo Karl Marx «Das Kapital» schrieb und sich Herman Melville zum Untergang entschloß*[34].

Bereits 1911 zog die Familie aus dem Bannkreis der Großstadt fort und erwarb in dem zwölf Meilen südlicher gelegenen Tudor-Städtchen Caldy das Anwesen Inglewood, einen weitläufigen Besitz, der ein Haus mit fünfzehn Zimmern, die auch dem Hauspersonal Platz boten, und einen Garten umfaßte, *der sich in einem schönen, welligen Golfplatz bis zum Meer hinunter fortsetzte. Was wie das Meer aussah, war in Wirklichkeit die fast zehn Kilometer breite Mündung eines Flusses, und das richtige Meer begann erst dort, wo man im Westen die weißen Wogenkämme sah. Jenseits des Flusses stiegen die Berge von Wales auf, streng und finster und umwölkt...*[35] Es ist die Landschaft der Halbinsel Wirral, die in den *Vulkan* eingeht als das verlorene Paradies der Kindheit. Den Wünschen seiner Söhne dürfte es durchaus entsprochen haben, als der Vater auf dem Dachboden des Hauses einen Turnsaal einrichten ließ, um dort sportlichen Aktivitäten nachzugehen, die neben dem beruflichen Erfolg einen weiteren Leitstern seines Lebens bildeten. 1904 hatte Arthur Osborne als Englands bestgebauter Mann seiner Altersstufe an einem Schönheitswettbewerb teilgenommen. Er gewann verschiedene Schwimmwettkämpfe und rettete zweimal Menschen vor dem Ertrinken. Die Leidenschaft für das Schwimmen gab er an seinen jüngsten Sohn weiter, wohl auch den Drang zur außergewöhnlichen Leistung, der diesen in Konkurrenz mit den älteren Brüdern nur zu häufig zum Verlierer stempeln mußte.

Die Aussagen der Brüder über die frühen Kindertage kontrastieren in auffallender Weise mit dem, was Lowry selber berichtet. Während jene

Malcolm im Garten von Inglewood, um 1917

das Bild einer normalen und glücklichen Kindheit entwerfen, erinnert sich Lowry, wie in dem nachfolgenden Auszug aus dem Gedicht *Autopsie* zu erkennen ist, an eine düstere Leidenszeit:

> *Eine Autopsie dieser Kindheit bringt es an's Licht:*
> *Daß er mit sieben geschunden wurde, gekreuzigt mit elf.*
> *Und blind war er noch dazu; und man spottete seiner*
> *Blindheit. Wen wundert's, daß der Mann*
> *Verbittert ist und voller Haß; doch warte.*
> *Er kämpfte alle Zeit und immer als Verlierer.*
> *Im Schmerz erflehte er, daß niemand anders*
> *So leiden solle auf der Welt. Christi*

Leben war, verglichen mit dem seinen, voller Aufruhr,
Anerkennung, Spannung und am Ende siegreich.
Hosiannas gab es für ihn nicht. Jetzt schreibt er sie.[36]

Als Erwachsener führte Lowry seine akuten Probleme auf traumatische Kindheitserlebnisse zurück, denen ähnlich, die er im Gedicht anspricht. Ihr Wahrheitsgehalt, im einzelnen oft angezweifelt[37], wird bedeutungslos im Hinblick auf die manifesten Folgen. In auffallender Weise macht Lowry für seine Mißerfolge körperliche Zustände verantwortlich, deren Ersatzfunktion für seelische Defizite auf der Hand liegt. Lowrys Psych-

Als
Caldicott-
Schüler,
1922

Die Mutter: Evelyn Lowry, um 1912

iater diagnostiziert denn auch den Verlust des Wertgefühls, die Depression, als Ursache der Erkrankung, die zum Tod des Schriftstellers führte. Sein lebenslanger Freund, der Romancier Arthur Calder-Marshall, erklärte dem ersten Biographen, Conrad Knickerbocker: «[Wir] fanden schließlich heraus, was mit Malcolm los war; es war einfach so, daß er niemals hatte geboren werden wollen.»[38] Sein Roman-alter-ego Sigbjørn Wilderness leidet unter dem Zwang, *eine Entschuldigung oder Erklärung dafür zu liefern, daß er überhaupt auf der Welt war*[39].

Daß sich die sechsunddreißigjährige Evelyn Lowry statt eines vierten Sohnes eher eine Tochter gewünscht hatte, läßt schon die Namensgebung

Clarence ahnen, ein dem weiblichen Clare verwandter Vorname, den Lowry nie verwendete. Schon kurz nach der Geburt gab die Mutter ihren Jüngsten in die Obhut von Kindermädchen, teils weil sie ihren Gatten auf Geschäftsreisen begleitete, teils weil sie sich aus Gesundheitsgründen häufig zurückziehen mußte. «Wir sahen sehr wenig von ihr», berichtet Russell[40], und ein Freund gelangt zu dem Schluß: «Ich denke, [Lowry] hat als Kind auf eine Bestätigung durch die Mutter gewartet und feststellen müssen, daß sie selten kam.»[41] Wenn der Held von Lowrys Erstlingsroman *Ultramarin* von seiner Geliebten erhofft, *sie würde ihm noch eine Chance geben, so sanft würde sie sein und kameradschaftlich und zärtlich*[42], dann werden die Kinderträume eines Mannes sichtbar, der, von Verlustängsten geplagt, ein Leben lang nach einer Frau suchte, die ihm die *verstehende und tröstende*[43] Mutter ersetzen sollte. Seinen Konsul läßt Lowry Zuflucht nehmen bei der Madonna *für die, die niemanden mehr haben*[44], und nennt sie *unser aller Mutter*[45]. Die Urmutter des Lebens, das grenzenlose Meer, wird Lowrys wichtigstes Symbol, die Trennung vom wahren Selbst sein übergreifendes Thema und die Uterus-ähnliche Höhle einer Cantina sein liebster Aufenthaltsort. Als das typische Produkt einer frühkindlichen Schaukelerziehung wollte Lowry von den Frauen gehätschelt werden wie ein Säugling, der sich um seiner selbst willen geliebt weiß, und sie dennoch beherrschen wie ein Pascha, um sie stellvertretend für die Lieblosigkeit der Mutter zu bestrafen, die auch Russell zu dem vernichtenden Urteil veranlaßt: «Es ist nicht nett, so was zu sagen, aber sie hat uns schließlich alle vier zu Fall gebracht.»[46]

Da die Mutter zur Orientierung in der Welt nicht ausreichend zur Verfügung stand, wurde Lowrys höchst unvollkommen ausgestattetes Ich zum Mittel- und Ausgangspunkt jeder Erfahrung. Entgegen der allgemeinen Erkenntnis erscheint einem seiner Helden die Erde *flach, und zu sehen war immer nur ein kleines Stückchen davon, der Schauplatz seiner eigenen Leiden. Er konnte sich auch nicht vorstellen, daß das Ding sich dreht*.[47] Änderte sich das fragile Ich im Prozeß des Lebens, so stand für Lowry eine Welt zur Disposition, wurde das eigene Geschick zum Menschheitsdrama. Diese private Erfahrung von der Instabilität des Seins, die seit dem vorigen Jahrhundert immer mehr zum festen Bestandteil unseres Weltbildes gehört, prägte unmittelbar Lowrys poetische Praxis. Die Ambivalenz ist sein literarisches Paradigma. Am *Rand der Dinge*[48], wo Lowrys Welt beginnt, verschwimmen die Konturen wie im Rausch, ist nichts mehr mit sich selbst identisch, keine Person, keine Handlung, kein Zeichen. *Er war von sich selbst getrennt*, heißt es vom Konsul, *und gleichzeitig sah er das deutlich*.[49] Lowrys Helden schlüpfen in andere Personen oder wechseln die Namen. Oft sind sie, obwohl sie dieselben Namen tragen, nicht dieselben Personen. Ihr Leben ist *voll von Rückzügen*[50]. Sie denken die Aufhebung ihrer Gedanken immer schon mit. In ihrem Sprachgestus dominiert die Frage, und am Ende scheinen sie nur noch ein Ziel zu kennen, sich zu zeigen mit ihrer großen, klaffenden Wunde, die niemals verheilt. Da ihrem Schöpfer die Voraussetzungen fehlten, ein gültiges Bild seiner selbst zu gewinnen, blieb es für ihn eine ständige Herausforderung, das Ich zu entdecken. Allein im Schreiben, so lautete schließlich sein Credo, vermochte er das Ich als Ergebnis eines Prozesses zu erfahren, an dem er selbst beteiligt war.

1924

Malcolm und sein Vater, 1924

Was als ästhetisch richtungsweisend erscheint, ist nicht zuletzt Ausdruck einer Persönlichkeit, hinter der, wie Lowry klar erkennt, ein *ungeheurer Narzißmus*[51] lauert, dessen Kehrseite die Depression ist. In dieses Bild paßt nicht nur, daß Lowry sich nicht von seinen Werken trennen wollte, sie als unvollendet und bearbeitungsbedürftig ansah, sondern auch die Besetzung fremder Personen, die sich, da sie in der Regel bereits verstorben waren, diesem narzißtischen Zugriff nicht entziehen konnten. *Offenbar hatte er keine Liebe gekannt, / Furcht über alle menschlichen Regungen gestellt. Er liebte die Toten*[52], bekennt denn auch sein lyrisches Ich. Von anderen Schriftstellern übernahm Lowry literarische Stoffe und litt dann entsetzlich unter dem Vorwurf des Plagiats, obgleich er fast alle, an die er sich anlehnte, künstlerisch übertraf. Es gibt kaum eine Entscheidung der persönlichen Lebensführung, die Lowry nicht nach einem literarischen Vorbild getroffen hätte. Das verhängnisvollste war wohl Jack London. Die Identifikation, Hauptthema des verlorengegangenen Romans *In Ballast to the White Sea,* verteidigte Lowry als *Macht des Lebens*[53] und wollte nicht wahrhaben, daß er lediglich in einen Spiegel blickte. Entsprechend sind seine Romanfiguren oberflächlich und tief zugleich, seltsame Zwitternaturen, Lesefrüchte und nicht weniger auch erfahren. Was Lowry über die eigene Kindheit zu berichten weiß, haben in ähnlicher Weise Stephen Dädalus in Joyces «Jugendbildnis» oder gar, wie Lowry nicht ohne Koketterie hervorhebt[54], Balzac erlebt. Wenn Rimbaud dichtet: «Einer fernen Rasse gehöre ich an, meine Väter waren Skandinavier»[55], behauptet Lowry dasselbe. Wirklich gemeinsam ist beiden «Eine Zeit in der Hölle». Mit Herman Melville pflegte Lowry Umgang, als gäbe es die Kluft der Jahre nicht. *Sein Versagen,* gesteht er selbstironisch, *hat mich aus irgendeinem Grund ungeheuer fasziniert, und es kommt mir vor, daß ich schon mit jungen Jahren beschlossen habe, dem auf jede denkbare Art nachzueifern.*[56]

So scheint denn das Bild des Vaters, das uns Lowry überliefert, Kafka nachempfunden, vor allem aber durch die Brille Freuds gesehen zu sein. Obwohl Arthur Osborne Lowry in der Kinderwelt von Inglewood wenig in Erscheinung trat, prägte er das Familienleben durch die Normen, die er setzte. Seinen methodistischen Grundsätzen getreu, versagte er sich und seiner Umgebung den Alkohol, das Rauchen und ausgelassene Feste. Von seinen Söhnen erwartete er, wie es viktorianischer Tradition entsprach, keine Zuneigung, sondern Respekt und Gehorsam, vor allem aber Selbstdisziplin. Durch einen Besuch des anatomischen Museums in Liverpools Paradise Street demonstrierte man dem fünfjährigen Malcolm die Gefahren der Ausschweifung. Fortan reagierte dieser auf körperliche Regungen mit Angst. Lowry hat wohl früh eingesehen, daß er, anders als seine Brüder, die alle dem väterlichen Geschäft beitraten, den Vorstellungen der Eltern niemals genügen würde. Wie Adam, der das Gesetz kannte, aber gleichwohl wußte, daß er es nicht erfüllen konnte, bekennen sich Lowrys Helden zu einer Schuld, die ihnen anhaftet wie die Erbsünde: *Ich habe das Gefühl, meine Pflicht versäumt zu haben, sowohl gegen Gott als gegen die Menschen.* [57]

Malcolm Lowry schwankte zwischen Fluchtversuchen und Tabuverletzungen einerseits und Annäherung andererseits. Sein Schreiben ist der Versuch, der Welt der Eltern zu entkommen; gleichzeitig betreibt er es mit einem Einsatz, der dem Ethos des Vaters entsprochen haben muß. So erfuhr zuerst die Familie von der geglückten Annahme seines Romans *Unter dem Vulkan.* Die erhoffte Reaktion auf die Erfolgsmeldung blieb jedoch aus: *Es stimmte also, daß diese erträumten Augenblicke der Anerkennung nie Wirklichkeit wurden; ob man aus dem Krieg oder von der See heimkehrte, ob berühmt oder von Schande bedeckt – dort, wo die Ursprünge lagen, wurde man stets auf die gleiche Weise empfangen, kein Mensch.* [58] Als Heranwachsender suchte Lowry die räumliche Distanz zum Elternhaus und gleichzeitig voller Eifer nach Ersatzfamilien; in seinen Romanen schuf er sich Wunscheltern. In der Bruderschaft des Alkohols fühlte er sich schließlich für trügerische Augenblicke befreit von der *Qual des Abgelehntwerdens* [59]. Und über seinen Tod hinaus, so ahnte er wohl, würde ihm die Zuneigung ratloser Interpreten gesichert sein. Mit Chaucers Versen, die er seinem ersten Roman voranstellt, verweist Lowry ein andermal auf die lebensfeindlichen Zwänge seiner Kindheit, mochte sie auch materiell überaus gesichert sein: ein goldener Käfig ist gleichwohl ein Gefängnis. Noch die offensichtlich unwahren Geschichten des Erwachsenen von den Grausamkeiten der Kindermädchen verraten den Vorwurf des Vernachlässigten gegenüber den Eltern, die solche Personen als Ersatz vorzuschieben wagten.

Im Frühjahr 1916 verließ Lowry Inglewood, um, wie vor ihm seine Brüder, in die 25 Meilen westlich von Cambridge gelegene Caldicott-Schule einzutreten. Hier setzten sich seine Leiden unter einem sadistischen Lehrer und dem Spott der Mitschüler fort, die sich seiner als «fett und plump, mit sehr unsicherem Auftreten» [60] erinnern. Sein Erröten trug ihm den Spitznamen «Lobster» ein. Später beklagte Lowry *die verdammte fiese Grausamkeit dieser teuflischen kleinen Scheißkerle von Kindern, wenn ihnen ein Hilfloser... ausgeliefert ist* [61].

Das Schuljugendelend fand fast schlagartig sein Ende mit dem Übertritt in die Leys School, Cambridge, im September 1923, *eine von Englands besseren, wenn auch weniger bekannten Privatschulen, die solche Romanautoren wie James Hilton und solche Kricketspieler wie F. R. Brown hervorgebracht hat* [62]. Mit dem Einsetzen der Reife wurde der junge Mann muskulös und sportlich und blieb es zeit seines Lebens. Die *streng abstinente Methodistenschule* [63], der Lowry in der Schulgeschichte *Enter One in Sumptuous Armour* [64] (*Auftritt in voller Rüstung*) ein Denkmal setzte, förderte nicht nur die körperliche Ertüchtigung. Vielmehr vermittelte sie eine weltoffene Geisteshaltung, die man Lowrys britisches

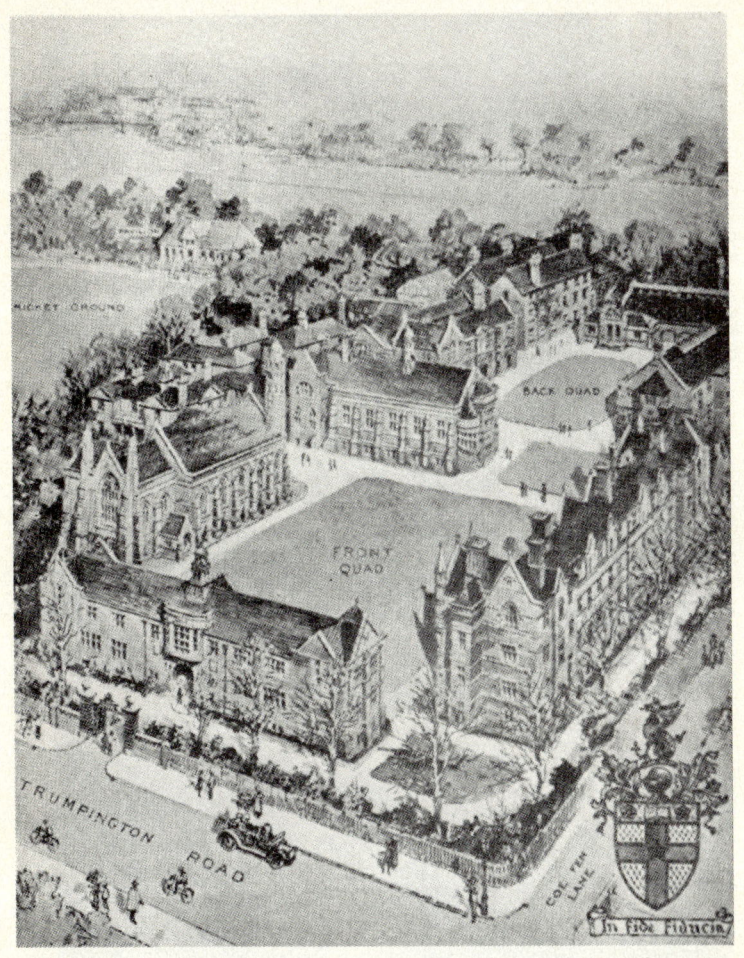

Leys School, Cambridge

Erbe nennen könnte und als deren Verkörperung der alte Schulmeister in Hiltons berühmtem Roman «Leben Sie wohl, Mr. Chips» (1934) gilt. Zur Entstehungszeit des Romans erschütterte das sich abzeichnende Auseinanderbrechen des britischen Weltreichs das imperiale Selbstbewußtsein der Inselbewohner. Die Briten, sonst überall auf der Welt zu Hause, wurden dort Fremde, denen, wie Lowrys Romanhelden, die Vertreibung drohte. In der welthistorischen Auseinandersetzung pocht Mr. Chips, der

23

Lowrys Lehrer William Balgarnie

Lowrys Lehrer William Balgarnie nachempfunden ist[65], auf die britischen Tugenden Fairness und Mitgefühl. Statt an überholten Positionen festzu-halten, nennt er die Probleme mutig beim Namen. Eine Zukunft sieht er allein in der Überwindung nationaler und sozialer Schranken. Es scheint, als habe sein Schüler später das verlorene Weltreich noch einmal für sich entdecken wollen. Grenzen jeder Art waren ihm ein Greuel. Sehr bald aber mußte er erkennen, daß es für ihn nur noch auf dem Gebiet des menschlichen Geistes etwas zu entdecken gab und daß sich allein in der Kunst eine unbegrenzte Aussicht eröffnete.

Bereits in der Schule begann Lowry, eigene Wege zur Literatur zu erforschen. Mit dem Neuesten machte ihn sein Bruder Stuart bekannt, der, von einem längeren Amerika-Aufenthalt zurückgekehrt, dem Jüngeren die Werke von Melville, O'Neill, Jack London und Joyce empfahl. Im *Vulkan* klingen die verschiedenen Untertöne brüderlicher Fürsorge wieder an. Am 13. März 1925 erschien in der von Balgarnie herausgegebenen Schulzeitschrift «The Ley's Fortnightly» unter dem Pseudonym *Camel* (für Clarence Malcolm Lowry) eine Kurzgeschichte mit dem Titel *The Light That Failed Not (Das Licht, das nicht versagte)*. Diese erste Veröffentlichung Lowrys wurde als beste Erzählung des Jahres prämiert; die Zeitschrift aber bot dem jungen Talent bis über die Schulzeit hinaus ein ausgedehntes Betätigungsfeld.

Die Beiträge, darunter auch Gedichte, behandeln zunächst gängige Schulthemen. Doch schon in der Erzählung *A Rainy Night (Eine regnerische Nacht)*[66] kündigen sich erste Umrisse der Motive an, die Lowry ein Leben lang obsessiv umkreisen sollte: Ein Zugreisender fühlt sich schuldig am Tod eines mitreisenden Seemanns, den er zwar über die Gefährlichkeit der Trunksucht belehrt, dessen Unterernährung er, der ein Lunchpaket unbeachtet in seinem Gepäck mit sich führt, indessen nicht wahrnimmt. Ebenfalls wie die Vorahnung einer noch ruhenden Geisterwelt wirkt die Parabel *Satan In A Barrel (Der Teufel im Faß)*[67], in der ein zum Tod Verurteilter, der sich der Hölle nahe wähnt, mit einer Stimme aus dem Jenseits hadert, die ihm Gnade und Vergebung sowie den Einzug ins Paradies in Aussicht stellt. Die handwerkliche Seite des Schreibens übte der angehende Autor in Sportreportagen, deren bemüht geistvoller Stil nicht bei allen Sportfans auf Zustimmung stieß.

Die Aufmerksamkeit seiner Mitschüler sicherte sich Lowry darüber hinaus durch extravagante Kleidung und virtuoses Spielen der Ukulele, das er sich allein beigebracht hatte. Publikumswirksame Auftritte in den unterschiedlichsten Rollen, zuerst geübt auf der Schulbühne, bildeten von nun an die schmale Basis seiner Künstlerpersönlichkeit, von der er jederzeit abzustürzen drohte. Im letzten Jahr begegnete Lowry dem zwei Jahre jüngeren Mitschüler Ronald Hill, der ein hervorragender Pianist und, wie er selbst, vom Jazz-Bazillus angesteckt war. Gemeinsam komponierten die beiden einen Fox-Trott, der auch tatsächlich von der BBC produziert wurde. Mit einer weiteren Komposition blieb dem hoffnungsvollen Team jedoch der Erfolg bereits versagt. Lowrys Neigung, auf andere zu wirken, zeigte recht bald schon eine verhängnisvolle Schattenseite.

Lowry mit seiner Ukulele vor dem Haus seiner Eltern in Caldy, 1932

*Werbezettel für
Lowrys Fox-Trott*

Denn in seinem Ringen um Anerkennung versuchte der aufgehende Star, dessen Selbstbewußtsein auf tönernen Füßen stand, ausgerechnet durch Trinkfestigkeit eine *aufrecht männliche Haltung*[68] zu demonstrieren. In der Folge weitreichender Sozialisationsdefizite vollzieht sich der Einstieg in die Sucht als Auflehnung gegen Schule und Elternhaus, das im März 1927, nach der mit nur mäßigen Leistungen abgeschlossenen Schulzeit, entschieden Laufbahnwünsche anmeldete. Demnach könnte man es durchaus als Befreiungsversuch werten, daß Lowry nicht dem Willen des Vaters entsprach und ein Studium in Cambridge begann, sondern diesen dazu überredete, ihm zunächst eine Seereise zu gestatten. Die Umstände, unter denen er diese Reise antrat, sprechen allerdings eher dafür, daß sich ein junger Mann aus gutem Hause einen romantischen Jugendtraum erfüllte.

«Nicht länger herrscht Freiheit auf dem Ozean» [69]

Nach China und anderswohin

Am 13. Mai 1927 fuhr Malcolm Lowry in Begleitung des väterlichen Chauffeurs im Hafen von Liverpool vor, um an Bord des gleichfalls vom Vater ausgesuchten Frachters «Pyrrhus» den Dienst als Schiffsjunge anzutreten. Unter den empörten Blicken arbeitsloser Seeleute eröffnete der junge Mann den eigens herbeizitierten Reportern: *Ich wünsche mir keine Seidenkissenjugend. Ich möchte die Welt mit ihren Eigenheiten kennenlernen und einige Lebenserfahrung sammeln, bevor ich nach Cambridge gehe.* [70] Er war in der Tat gewillt, die Welt konsequent so zu sehen, wie er sie sich vorstellte, und dabei beeinflußte ihn in erster Linie die Literatur. So fühlte er sich denn als *der Mann, der zur See ging, weil er* Eugene O'Neills *«The Hairy Ape»* und *«The Moon of the Carribbees» gelesen hatte* [71]. Die Fahrt der «Pyrrhus» ging «durch den Suez-Kanal nach Schanghai, Hongkong, Yokohama, Singapur und Wladiwostok» [72]. Bei seiner Rückkehr im September hatte Lowry jede Illusion über das Leben auf See verloren. Für die Schlagzeile des «Liverpool Daily Echo» stilisierte er das Unternehmen zur *Tretmühle im Hades* und erklärte: *Ich bedaure nichts, aber zur See möchte ich nicht wieder fahren.* [73] Desungeachtet präsentierte sich Lowry von nun an bevorzugt in der Rolle des waschechten Seebären, hart, aber ehrlich, ungepflegt und mit schwankendem Gang. *Die Worte*, die er in der Fremde hörte, *sanken wie Steine in seine Seele* [74], wo ihr Klang nie mehr verhallte. Ihren Reizen blieb er in allem, was er schrieb, verfallen.

Das Reisen wurde in seinen Werken ein zentrales Motiv. Nicht nur, daß sie fast ausschließlich Reiseerlebnisse zum Inhalt haben, wenn auch, wie sich zeigen wird, durch Seelenlandschaften und Sprachräume; Reisen stehen in Lowrys Leben wie in seinen Werken für einen existentiellen Aufbruch: *Reisen, die Überfahrt und Heimreise; alle waren auf solch einer Reise... sie alle waren auf solch einer Reise zum Kreuzpunkt der zwei Unendlichkeiten, wo sie sich wieder aufmachen würden, schon aufgemacht hatten.* [75] In dem für sein Lebenswerk vorgesehenen Generaltitel *The Voyage That Never Ends* (*Die Reise, die nie endet*) erhebt Lowry die Reise zum Symbol für die Kunst, die selbst den Tod des Künstlers zu transzendieren beansprucht.

Die auf seine erste Seereise folgenden zwei Jahre benötigte Lowry, um sich im Londoner Stadtteil Blackheath in privaten Kursen auf die Aufnahmeprüfung vorzubereiten, die in Cambridge verlangt wurde. In diese Zeit fällt auch sein Aufenthalt in Deutschland, dessen genauer Zeitpunkt jedoch umstritten ist.[76]

Nach den Vorstellungen des Vaters sollte sich das einzige Mitglied der Familie, welches studieren würde, an der Weber's School of Modern German in Bonn auf eine Diplomatenlaufbahn vorbereiten, ein Ziel, das lediglich Lowrys berühmteste Romanfigur erreichte. Daß ihn indes mit dem Konsul Gemeinsamkeiten verbanden, beweisen die Erinnerungen seines Deutschlehrers: «[Lowry] war unter all den zum Teil sehr gescheiten, klugen, ja glänzenden Schülern... eine der bemerkenswertesten Gestalten, sehr dumpf, sehr verwirrt, sehr unglücklich, aber zweifellos mit einer irgendwie genialen Veranlagung, die vollkommen zu ruinieren er damals auf dem besten Wege war. Die größte Sorge war, daß er ziemlich reichlich trank und als Folge davon oft in einem Zustand vollkommener geistiger und seelischer Hilflosigkeit versinken konnte.»[77]

Immerhin kam es am Rhein zu der entscheidenden Begegnung mit der zeitgenössischen Dichtung des Gastlandes, insbesondere aber mit dem *Film aus dem deutschen Goldenen Schicksalszeitalter der Ufa, Wiene, Caligari, Fritz Lang*[78]. Obwohl Lowry Deutschland nach acht Wochen wieder verließ, wurden die Stummfilme mit ihrem spätexpressionistischen Pathos für seine Vorstellung von einem Kunstwerk richtungsweisend. *Nichts von dem, was ich gelesen habe,* so äußerte er sich später, hat *meinen persönlichen Stil so sehr beeinflußt wie die ersten zwanzig Minuten von Murnaus «Sonnenaufgang» oder die ersten und letzten Bilder von Karl Grünes «Die Straße».*[79] Hier favorisierte ein modernes Medium, formal und inhaltlich der Schwarz-Weiß-Zeichnung verpflichtet, ein altes und ewig neues Thema, den Einbruch des Schreckens in die trügerische Sicherheit des bürgerlichen Alltags. Als Erbe der Schwarzen Romantik etablierte der deutsche Stummfilm eine Gegenwelt, ein Reich der Schatten und Alpträume, trieb er mit dem Horror ein ästhetisches Spiel. Dr. Mabuse, der moderne Magier, muß dem jungen Mann, der vergeblich nach Orientierung suchte, aus der Seele gesprochen haben mit seiner Äußerung: «Expressionismus ist Spielerei... Aber warum auch nicht? Alles ist heute Spielerei.»

In London bestand Lowrys Hauptbeschäftigung darin, seine jüngste Vergangenheit in einem Romanvorhaben aufzuarbeiten, das, in wenig origineller Anlehnung an Melvilles «Redburn», Bekenntnisse und Erinnerungen eines jungen Mannes aus angesehener Familie «als Schiffsjunge in der Handelsmarine» enthalten sollte. Und auch das als Titel geplante

Ultramarin klingt bereits in dem Werk eines anderen Schriftstellers an, der eine Seereise als Fahrt über «ultramarine Tiefen» beschrieben hatte. Doch nicht nur was den Titel betrifft, war der im Jahre 1927 erschienene Roman «The Blue Voyage» des Amerikaners Conrad Aiken für den angehenden Schriftsteller Lowry von einschneidender Bedeutung. Denn im Anschluß an die Aiken-Lektüre meinte dieser zu wissen, wie ein Roman zu schreiben sei. So bat er, nachdem er Aiken brieflich seine Bewunderung mitgeteilt hatte, in einem zweiten Schreiben den zwanzig Jahre Älteren darum, ihn gegen Entgelt in seinem Haus in Rye, Sussex, als Schüler aufzunehmen. Mit einer Vorgehensweise, die Lowry an anderer Stelle als eine Mischung aus *salbungsvollem Gehabe und Kriecherei*[80] bezeichnete, glaubte er die Zuneigung des angesehenen Kollegen geradezu einklagen zu können: *Denken Sie auch daran, daß Sie mir schon dafür ein wenig Rücksicht schulden, daß ich Ihre Dichtkunst so leidenschaftlich bewundere.*[81] Da Aiken England soeben verlassen hatte, um in Harvard eine Tutorenstelle anzutreten, dem Vorschlag aber wegen ständiger Geld-

Aus Karl Grünes Film «Die Straße»: der Kleinbürger und die Prostituierte

sorgen zustimmte, folgte ihm Lowry im Sommer 1929 Hals über Kopf nach Amerika.

Die erste Begegnung der beiden schildert Aiken so: «... eines Julitages stand er vor meiner Tür in der Plympton Street, Cambridge [Massachusetts], neben der Buchhandlung Grolier; in der einen Hand trug er seine Taropatch [wie Lowry seine Ukulele nannte, die ihn überall hin begleitete] und in der anderen einen kleinen abgewetzten Koffer. Der Koffer enthielt ein Schulheft (und kaum mehr), in dem sich dasjenige, was er bis dahin von seinem ersten Roman *Ultramarin* geschrieben hatte, befand. Und daran sollten wir, wie ich in ‹Ushant› [Aikens Autobiographie aus dem Jahre 1952] ausführlich beschrieben habe, jenen ganzen wunderbaren Sommer lang arbeiten.»[82] Der letzte Satz verdeutlicht die Rollenverteilung in dieser «spirituellen, ästhetischen und psychischen Symbiose» (Aiken)[83]. Oberlehrerhaft gab Aiken seinem willigen Schüler tägliche Schreibübungen auf, wie das Versifizieren von Prosa oder die Ausgestaltung eines Motivs unter verschiedenen Perspektiven. Er machte ihn bekannt mit den Techniken der Montage und des inneren Monologs, mit dem Wechsel der Zeitebenen wie mit seinem Grundsatz, so wenig äußere Handlung wie möglich in einen Roman einfließen zu lassen. Nach Auffassung Aikens, der sich intensiv mit Freud und Joyce beschäftigte und deren Werke nun seinem Adepten nahezubringen suchte, hatte der Roman die Entwicklung des menschlichen Bewußtseins im Spiegel der Sprache wiederzugeben. Die Bewegung des Geistes sollte in Anlehnung an die durch die Psychoanalyse bereitgestellte Symbolik als ständige Auseinandersetzung mit der Vergangenheit beschrieben werden. Von dem selbstgewählten Ersatzvater Aiken konnte sich Lowry auf seinem Weg zum eigenständigen Schreiben nur sehr schwer wieder lösen. Überwunden hatte er ihn erst, als er ihn im *Vulkan* in einigen wesentlichen Zügen des Konsuls als das porträtierte, was er war: ein typisch spätbürgerlicher Schöngeist, ein Patriarch, der Zynismen liebte, konservativ und kulturpessimistisch, und, wie Lowry selbst, dem Alkohol zugetan.

Im November 1929 begann Lowry am St. Catharine's College in Cambridge das Studium der englischen Literatur, welches die zeitgenössische Literatur als auch komparatistische Studien einschloß, die mit den europäischen Meisterwerken vertraut machten. Nach Einschätzung seiner Kommilitonen las der verspätete Student ungewöhnlich viel, aber ohne wissenschaftliche Ambition, immer jedoch mit dem Ziel, das Gelesene in seinem *enzyklopädischen Gedächtnis*[84] zu speichern und für das eigene Werk zu nutzen, das sich denn auch als eine explosive Mischung aus Erlesenem und Erlebtem präsentiert. So ist Lowrys Hauptwerk ein Buch über Bücher und zugleich über die Dämonen des Alkohols, denen von Angesicht zu Angesicht gegenübergestanden haben muß, wer über sie berichten will.

Das rege akademische Leben der Universitätsstadt entsprach kaum der

*Cambridge in den
dreißiger Jahren*

Rolle, die sich Lowry zurechtgelegt hatte: *Es war, als habe die Erfahrung der See... einem die tiefe Anpassungsunfähigkeit des Seemanns einge-pflanzt, der an Land nie mehr glücklich sein kann.*[85] Anklang fand er gleichwohl in den literarischen Zirkeln der Stadt. Im Februar 1930 erschien in der von Lowrys Freunden Gerald Noxon und Hugh Sykes-Davies redigierten Studentenzeitschrift «Experiment», für die unter anderem William Empson und Thomas Hanbury White schrieben, die Er-zählung *Port Swettenham*, später eingegangen in Kapitel V von *Ultrama-rin*. Das Konkurrenzblatt «The Venture» druckte die Erzählung *Goya the*

Obscure, während das Gedicht *For Nordahl Grieg Ship's Fireman* in die Anthologie «Cambridge Poetry, 1930» der Hogarth Press aufgenommen wurde. Mit dem Schriftsteller John Davenport begann eine lebenslange Freundschaft, als dieser Lowry bei ihrer ersten Begegnung nicht – wie befürchtet – Tee, sondern Whisky anbot. Den Freundeskreis verband nicht allein die Vorliebe für die Literatur und die unvermeidlichen geistigen Getränke, sondern ebenso das Interesse am Kino und die Begeisterung für den gerade in Europa populär werdenden weißen Jazz aus Chicago. Dessen Hauptvertreter Bix Beiderbecke, Eddie Lang, Joe Venuti

*Lowry
in London,
1931*

oder Frank Trumbauer feierte Lowry an exponierter Stelle seines Werkes: *Die beste Art von Roman,* bekannte er, sei ein Werk, das *ein seltsames, aber prächtiges Getöse macht wie Bix Beiderbecke.*[86]

Bei seinen Bemühungen um entlegenere Literatur stieß Lowry auf ein 1924 erschienenes Buch des Norwegers Nordahl Grieg, das 1927 von Lowrys Lehrer A. G. Chater unter dem Titel «The Ship Sails On» ins Englische übertragen worden war. Die Lektüre versetzte Lowry in helle Aufregung. Denn hier hatte jemand den Roman geschrieben, an dem er gerade arbeitete, eine Erfahrung, die sich wiederholen sollte. Grieg, ein Neffe des Komponisten Edvard Grieg, schildert die Fahrt eines jungen Mannes, der auf See erfahren will, «was er wert ist, ob er das Maß hat oder zu leicht befunden wird»[87], ein Unternehmen, symbolisch als Lebensreise überhöht und in einer melodramatischen Szenerie, die Lowry auf seiner eigenen, recht prosaisch verlaufenen Seereise so vermißt hatte. Im Sommer 1930 fuhr Lowry als Hilfsheizer auf einem Dampfer nach Norwegen, um Grieg, den er kühn *als den größten aller Dichter*[88] apostrophierte und dem er gestand: *Vieles in «Ultramarin» ist Paraphrase, Plagiat oder Pastiche Ihrer Bücher*[89], persönlich kennenzulernen.

Die Reise inspirierte ihn zu einem neuen Romanprojekt, welches ihn bis 1944 beschäftigte, als das inzwischen zweitausend Seiten starke Manuskript bis auf vierzehn Seiten verbrannte. Der *In Ballast to the White Sea* betitelte Roman, den Lowry in einem Brief an David Markson vom 25. August 1951 ausführlich, jedoch – wie betont werden muß – mit dem Bewußtseinsstand der fünfziger Jahre beschreibt, reflektiert weitgehend die Cambridger Studententage und macht darüber hinaus deutlich, wie früh Lowry damit begonnen hat, seine Lebensumstände als Bestandteil seines Werkes zu sehen. Grieg, der sich längst von seinem dem Vergeblichkeits-Pathos huldigenden Jugendstil fort zu einem politisch engagierten Schriftsteller entwickelt hatte, konnte mit dem schwärmerischen jungen Engländer schwerlich etwas anfangen. Immerhin schloß sich Lowry, zurück in Cambridge, dem mit der Weltwirtschaftskrise einhergehenden politischen Aufbruch der Avantgarde darin an, daß er die Hauptperson seines Romans *Ultramarin* nun vehement Zugang suchen läßt zu den sozial deklassierten Heizern. In der 1934 entstandenen Erzählung *China,* die einige Themen aus *Ultramarin* prägnant zusammenfaßt, erscheint die Klassenproblematik als zentrales Motiv, vermittelt aus dem Blickwinkel persönlicher Erfahrung: *...es kam mir äußerst komisch vor, daß... ich, wo immer ich war, bewertet, aufgespürt wurde durch meinesgleichen.*[90]

Malcolm Lowrys Auftritte in ausgewählt derber Kleidung konnten allerdings ebenso wie sein betont unkonventionelles Benehmen als Verhöhnung der akademischen Jugend um Wystan Hugh Auden und Stephen Spender verstanden werden. Einmal mehr verrät die Pose seine Unfähigkeit, irgend etwas um ihn herum wirklich ernst zu nehmen. Sein gegenüber Aiken geäußertes künstlerisches Programm, *einer vorgestellten Aus-*

Lowry (3. v. l.) im Kreis um Charlotte Haldane (2. v. unten, links William Empson),
Cambridge 1932

sicht durch den unmittelbaren Eindruck einer tatsächlichen Erfahrung
Identität zu *verleihen*[91], führte Lowry immer häufiger in schmerzlichen
Widerspruch zur Wirklichkeit, für deren Schattenseiten er doch so erst
empfänglich wurde. Obwohl er schließlich beide Rollen meisterhaft beherrschte, schwankte er in Cambridge noch zwischen dem Komödianten,
der unter Kneipentischen liegend Ukulele spielte, und dem Genie, über
dem ein Verhängnis schwebt. In dieser Rolle porträtierte ihn wunschge-
mäß Charlotte Haldane in ihrem 1932 erschienenen Roman «I Bring Not
Peace». Die Schriftstellerin, deren literarischer Zirkel Stadtgespräch war,
zeigte sich fasziniert von den «wunderbaren blauen Augen» und der «ein-
drucksvollen Persönlichkeit»[92] des jungen Mannes, dessen Wirkungsge-
schichte somit begann, noch bevor er sein Können unter Beweis gestellt

hatte. Billige Effekthascherei warf ihm sein Universitätslehrer Tom Henn vor. Wohl kaum hätte dieser gedacht, daß sein Schüler in seinem ersten Roman gestehen würde: *Es hat mir sehr weh getan, als mein Lehrer in seiner letzten Unterredung mit mir, bevor ich das College verließ, zu mir sagte: «Sie sind nicht annähernd ein so außergewöhnlicher Typ, wie Sie es sich einbilden.»*[93]

Malcolm Lowrys plakative Unempfindlichkeit war jedoch nicht ganz schuldlos an einem Ereignis, das ihn mit lebenslangen Gewissensbissen quälen sollte. Eher amüsiert hatte er zu Kenntnis genommen, daß ihn ein Kommilitone mit homosexuellen Neigungen verfolgte. Als dieser im Falle einer Zurückweisung mit Selbstmord drohte, soll Lowry, der selber gern den Hilfesuchenden spielte, ihn zu diesem Schritt mit den Worten ermutigt haben: *Das ist 'ne gute Idee, nur zu! Wahrscheinlich geht es dir im Jenseits viel besser als hier.*[94] Am Tag darauf war der junge Mann tot.

Immerzu wird es von nun an in Lowrys Werken wie in seinem Leben Rettungsversuche geben, oft vergebliche. Auf das Unglück aus der Studentenzeit, das noch in Lowrys letztem Roman als obsessives Vergangenheitstrauma auftaucht, projizierte Lowry fortan jedwedes Schuldgefühl, um es mit Alkohol betäuben zu können, der doch allein die Ursache seiner Verzweiflung war.

Da er zweieinhalb Jahre mit nur mäßigem Eifer studiert hatte, nahm er bei den Abschlußprüfungen zum Bachelor of Arts im Mai 1932 lediglich einen Platz im letzten Drittel ein. In der Erinnerung bleibt die Stadt am Cam, wie alles bei Lowry, eher zwiespältig: *Ach, die Hafenglocken von Cambridge! Die Brunnen im Mondschein, die Abgeschiedenheit der Höfe und Kreuzgänge, die unvergängliche Schönheit dieses tugendhaften, entrückten, selbstsicheren Ortes! Das alles schien weniger zu dem grellbunten Mosaik des eigenen dummen Lebens dort zu gehören, obwohl es vielleicht in zahllosen trügerischen Erinnerungen bewahrt wurde...*[95] An diesem Ort, den Lowry hier mit deutlichen Anklängen an Virginia Woolfs Roman «Jacobs Raum» beschreibt, hatte er nicht, wie die meisten der Jungakademiker, Perspektiven für die Zukunft entwickeln können, wohl aber Freunde fürs Leben gefunden.

Im Frühjahr 1932 bot Lowry *Ultramarin* dem Verlag Chatto and Windus an. Die Wartezeit auf eine Reaktion des Verlags füllte er mit ausgedehnten Sauftouren durch das Londoner Künstlerviertel Bloomsbury aus, wohin er nach dem Examen, versehen mit einer ansehnlichen Finanzspritze des Vaters, übergesiedelt war und wo er sich bald einen fragwürdigen Ruf erwarb. Die dionysische Lebensweise teilte der Autor im Wartestand mit anderen jungen Künstlern, unter ihnen Dylan Thomas, die sich einredeten, auf diese Weise gegen die zu eng gewordenen Traditionen und die Leere zu rebellieren, welche die große Wirtschaftskrise hinterlassen hatte. Zur gleichen Zeit durchstreifte George Orwell als Tramp die Londoner Armenhäuser. In seinen Reportagen «Erledigt in Paris und London» (1933) berichtet er aus jenen Regionen, die auch der verwöhnte Kaufmannssohn aus Liverpool noch kennenlernen sollte. Orwell verachtete die Ausschweifungen der Boheme als «postpubertäres» Treiben einer «weichgekochten Mittelklasse». Auch Lowrys neuer Freund Arthur Calder-Marshall durchschaute den falschen Glanz, in dem sich die Szene sonnte: «Ich liebte die Abende im Fitzroy, im Marquis of Granby und im Plough und die Geselligkeit von Malern, Schriftstellern und Modellen... dann allmählich dämmerte es mir, daß die Maler und Schriftsteller, die ich traf, nur Teilzeitkünstler waren und daß ihre Hauptleidenschaft das Saufen war.»[96]

Im Herbst 1932 wurde *Ultramarin* angenommen, obwohl der Lektor sicher war, daß mit dem Buch kein Geld zu verdienen sei. Der Diebstahl des einzigen Typoskripts aus dem offenen Wagen eines Verlagsmitarbeiters eröffnete die fatale Serie von Manuskriptverlusten und Verlagsschwierigkeiten, die Lowry in der Ansicht bestärkte, von dunklen Mächten verfolgt zu sein. Ihre eigentliche Überzeugungskraft verdankte diese Rolle, für welche die von Lowry geschätzten Bücher des Okkultisten Charles Fort, etwa «Lo» oder «The Book of the Dammed», das Drehbuch zu liefern scheinen, allerdings in erster Linie dem Alkohol. Obwohl Martin Case, ein Freund aus Cambridger Tagen, schließlich in einem Papierkorb umfangreiche Vorarbeiten zum verlorenen Typoskript entdeckte, entzog Lowry dem Verlag die Druckrechte, da er annahm, man werde den Roman nur als Geste der Wiedergutmachung gegenüber seinem Unglück drucken. Inzwischen hatte er sich an einen Agenten gewandt, der den Text, notdürftig wiederhergestellt und darin den meisten seiner Nachfolger verwandt, bei Jonathan Cape unterbrachte, wo er im Herbst 1933 erschien. Der Erstlingsroman, von dem sich Lowry später heftig distanzierte – *ein unverzeihliches Durcheinander*[97] – und den er mehrfach wieder umgestaltete, fand bei der Kritik nur wenig Beachtung. «The Times Literary Supplement» vom 13. Juli 1933 meinte gar: «Wenn die Kunst des Schreibens in der Nachahmung liegt, dann hat der Autor sie gemeistert.» Von den 1500 Exemplaren der ersten Auflage wurde nur etwa die Hälfte verkauft.

Während Aikens «Blue Voyage» als eine Überfahrt vom Leben zum Tod zu lesen ist, tritt in *Ultramarin* ein junger Mann eine Seereise an in dem romantischen Glauben, jenseits des Meeres endlich das Leben kennenzulernen. Bedenkt man die Umstände, unter denen der gerade vierundzwanzigjährige Autor herangewachsen war, so ist es kaum verwunderlich, daß auch für den Helden in *Ultramarin* Leben ein Ringen um Integration bedeutet. Wenn Lowry dieses Streben später als *Jedermanns bewußtes oder unbewußtes Verlangen* beschreibt, *ein Mitglied der – selbst wenn sie gar nicht existiert – Menschenbruderschaft zu sein*[98], offenbart sich der utopische Charakter des ersehnten Ziels. Sich dennoch auf den Weg zu machen, heißt bereits in *Ultramarin,* die Mächte der Vergangenheit zu überwinden und Veränderung zu akzeptieren. Anders als bei Mel-

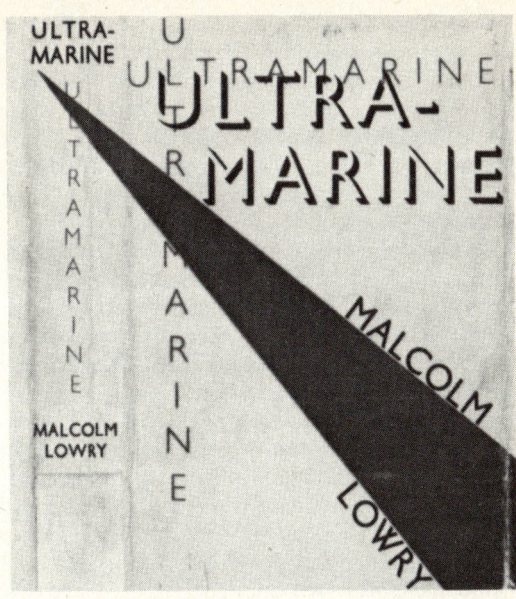

Lowrys erste Buchveröffentlichung: «Ultramarine», 1933

ville oder Joseph Conrad vollendet sich in Lowrys Roman kein Schicksal auf hoher See; vielmehr werden wir Zeuge eines Sozialisationsprozesses, der sich im Bewußtsein des Helden vollzieht, während sein Schiff, ein Frachter mit dem beziehungsreichen Namen «Ödipus Tyrannus», in einem fernöstlichen Hafen für zwei Tage ankert. Der neunzehnjährige Eugene Dana Hilliot ist eine Kunstfigur, ein Mensch *zwischen Anführungszeichen*[99], zusammengesetzt wie sein Name, für den Eugene O'Neill und Charles Dana Pate gestanden haben. So wirkt denn auch der Roman, als habe man die frühen Seestücke O'Neills, Aikens innere Monologe und Traumsequenzen und einige kritische Bemerkungen über den Arbeitsalltag an Bord aus den Romanen von Dana und Grieg zu einer Collage vereinigt. Zu einem wesentlichen Bestandteil des Bildes werden jedoch die lebhaften Dialoge der Seeleute, die sich Lowry wohl auf seinen Reisen notiert hatte und deren naturalistische Belanglosigkeit stark kontrastiert mit Hilliots Reflexionen, die allesamt auf Existentielles gerichtet sind.

Es ist schwer zu entscheiden, ob *Ultramarin* die typischen Fehler eines Erstlings aufweist, etwa zu hoher Anspruch bei mangelhafter psychologischer Motivierung des Helden, oder schon Merkmale jenes Stils vorwegnimmt, den Gottfried Benn, ein früher Bewunderer Lowrys, 1949 im «Doppelleben» als «Stil der Zukunft» feiert: «Der Mensch muß neu zu-

sammengesetzt werden aus Redensarten, Sprichwörtern, sinnlosen Bezügen... Ein Mensch in Anführungsstrichen. Seine Darstellung wird in
Schwung gehalten durch formale Tricks, Wiederholungen von Worten
und Motiven – Einfälle werden eingeschlagen wie Nägel... Jetzt werden
Gedankengänge gruppiert, Geographie herangeholt, Träumereien eingesponnen und wieder fallengelassen. Nichts wird stofflich-psychologisch
mehr verflochten, alles angeschlagen, nichts durchgeführt. Alles bleibt
offen.»[100]

Hilliot ist mit dem Vorsatz an Bord gegangen, einen Kreis von persönlichem Versagen zu durchbrechen. Doch unter den Seeleuten bleibt der
Deckjunge aus dem einflußreichen Elternhaus ein Außenseiter, den sie
wegen seiner Ungeschicklichkeit und seinen schwärmerischen Vorstellungen mit spöttischen Bemerkungen überhäufen, wie sie auch dem jungen Matrosen Lowry auf dessen erster Seereise in den Ohren geklungen
haben werden: ...*du findest es toll, zur See zu gehen. Na du wirst schon
schnell dahinterkommen, wie toll das ist.*[101] Bedrängt von Ängsten und
Schuldgefühlen sucht Hilliot Trost im Alkohol und offenbart: *Es ist einfach so, daß ich verdammt einsam bin.*[102] Mit seiner Trinkfestigkeit will er
der Mannschaft imponieren, *wild entschlossen, irgend etwas, koste es was
es wolle, zu tun, um zu beweisen... daß er dazugehörte*[103]. Obwohl er sie
immer mehr als Fessel empfindet, ist die Liebe zu seiner Freundin Janet
für Hilliot der einzige feste Standpunkt auf dem schwankenden Schiff.
*Oh, seine Liebe zu ihr war mit Sicherheit nicht eine Gaukelei der Zeit wie
das Schiff: sie war der Leitstern des wandernden Schiffes selbst... seine
Liebe war ewig.*[104] Im Gegensatz zu Lowrys späteren Helden gelingt es
Hilliot, einen *Platz auf der Welt*[105] zu finden. Statt seine Probleme zu
verdrängen, sucht er die Auseinandersetzung mit seinem Hauptgegner,
dem Schiffskoch Andy, dessen Feindschaft er in Freundschaft verwandeln kann. Als Andy ihn gar *Sohn* nennt, ist plötzlich *jeder Mangel an
Ordnung aus seinem Leben verschwunden, kein Bestandteil... mehr
falsch angeordnet*[106]. Voraussetzung für die Identitätsfindung ist jedoch
der Bruch mit der Vergangenheit. Hilliot faßt den Entschluß, sich den
Berufswünschen der Eltern zu entziehen und endgültig Seemann zu werden. Dies bedeutet gleichzeitig die Trennung von Janet, der er in einem
nicht abgeschickten Brief mitteilt: *Ich liebe Dich, aber alles, woran ich
denken kann, ist, daß ich mich verändert habe.*[107] Indem er das, was unverrückbar festzustehen schien, in Frage stellt, kann er teilnehmen an jenem
Kreislauf aus dem Ganzen heraus, nach dem er sich so sehnte[108].

Aus der leicht überspannten Initiationsgeschichte wird erst dadurch ein
typischer Lowry-Text, daß der Autor deutlich auf Distanz geht zu dem
beschriebenen Integrationsprozeß, an dessen Gültigkeit er nicht glauben
kann. Hilliots Aufstieg in die Welt der Matrosen trägt unverkennbar
Züge von Dantes Abstieg in die Hölle. Wie später im *Vulkan* die Höllenmaschine kreist auch das Leben an Bord ausweglos um sich selbst, *eine*

Welt für sich... eine Welt in einer Welt, eine See in einer See, eine Leere in einer Leere, der letzte, der unentrinnbare neunte Kreis[109], in dem die Schiffsglocken, die mit ihrem Läuten den Zeitraum des Romans ausfüllen, als *Glocken der Hölle*[110] widerhallen. Und als Hilliot am Ende den ersehnten Arbeitsplatz bei den Kohletrimmern erhält, weiß er: *Da unten erwartet dich 'ne kleine Hölle.*[111] Vor dem bedrohlichen Hintergrund der allgegenwärtigen Syphilis und eines in unmittelbarer Nähe wütenden Kriegs, eine Anspielung auf den chinesischen Bürgerkrieg von 1927, erscheint die Seereise der «Ödipus Tyrannus» wie die Fahrt von Verdammten. Die Kräfte, die Hilliots Integration entgegenwirken, bannt er durch die Aufgabe seiner Individualität: *Ich stimme mit Andy völlig überein: ich bin Andy.*[112] Durch einen vergleichbaren Identitätswechsel verliert der Konsul Geoffrey Firmin sein Leben. Keineswegs als Idealgesellschaft präsentiert sich auch die Schiffsmannschaft. Ihre Sprache, von der Hilliot glaubt, sie sei ein *Teil der wahren Sprache der Menschen*[113], bewegt sich vorwiegend auf der Fäkalebene; ihr Zeitvertreib besteht aus Kartenspielen und dem Aushecken von Hackordnungen. Noch im *Vulkan* klagt Hugh über Mannschaften, die *sich zum Ausgleich in infantilen Lümmeleien*[114] ergehen. Zu Hilliots neuem Selbstverständnis gehört schließlich der Verzicht auf eine Zukunft als Schriftsteller. Lowry, der sich selbst durch das Erscheinen von *Ultramarin* in seiner Schriftstellerrolle bestätigt fühlte, läßt seinen Helden die Abkehr von der Kunst mit jener unüberhörbaren Selbstironie begründen, die all seinen Arbeiten eigentümlich ist: *Was ich zustande bringen könnte, wäre der übliche eingebildete erste Roman, der in der Leichenhalle des Times Literary Supplement als eine «unausgegorene und unerfreuliche Arbeit» rezensiert würde, so was von der Art, wo die Hauptrolle nicht mehr und nicht weniger, ob beim Schnaps oder bei der Liebe, der abscheuliche Autor selbst innehat.*[115] Day sieht denn auch in Lowrys Erstling einen umgekehrten Künstlerroman, dessen Held sich von der Kunst lossagt, nachdem er zu der bereits im Fin de siècle formulierten Einsicht gelangt ist, derzufolge das *Verlangen zu schreiben... eine Krankheit*[116] ist. Während denn Lowry seinen jungen Mann den Wellen des Lebens überläßt: *Er liebte das Schiff – er liebte das Leben*[117], wählte er selbst, wir wissen es, den Tod auf Raten.

Seductio ad Absurdum hatte er die Kurzgeschichte überschrieben, die mit wenigen Veränderungen in Kapitel IV von *Ultramarin* einging. In der Tat wurden Lowrys Alkoholprobleme für jeden, der mit ihm Umgang hatte, zur Zerreißprobe. Da er auch vor Tätlichkeiten gegenüber Familienmitgliedern im elterlichen Haus nicht zurückschreckte – mit dem Bruder Russell war es schon zu einem handfesten Zerwürfnis gekommen –, finanzierte der Vater freiwillig, aber ohne je die schriftstellerischen Leistungen des Sohnes anzuerkennen, alles, was dessen Lebensweise zu ändern versprach. So lernte Lowry in den ersten Wochen

Conrad Aiken und Malcolm Lowry in der Alhambra, Mai 1933

des Jahres 1933 unter der Obhut des Malers Julian Trevelyan Paris kennen. Freilich lockte ihn weniger der Ruf der Kunstmetropole als vielmehr die Verheißung unzähliger Cafés und Bistros, die das Straßenbild der französischen Hauptstadt beherrschen. Im April luden ihn Clarissa und Conrad Aiken ein, gemeinsam den in Spanien lebenden surrealistischen Maler Ed Burra zu besuchen. Wie der Akteur der Erzählung *Pompeji heute* sich nur widerstrebend zu einer Besichtigung der antiken Stätte überreden läßt, interessierte sich auch Lowry auf Reisen nur wenig für touristische Attraktionen; denn im Gegensatz zu den Versprechungen der Tourismusindustrie verspürte er zu deutlich das *tragische Gefühl… das Reisende zuweilen überkommt, wenn sie sich ihrer Beziehungslosigkeit zu ihrer Umgebung bewußt werden*[118].

In der Ferne suchte Lowry ein Land, welches kein Reisebüro vermitteln kann, denn es *ist niemals China oder Sibirien oder England*[119], sondern trägt den Namen «Ich». Zwar führte die Route dorthin über ungeheure Distanzen, mit Sicherheit aber durch die örtlichen Bars. In Granada wurde der ewig betrunkene Engländer von den Kindern verhöhnt und schließlich von der Polizei observiert. Sein auffallendes Verhalten, das er nach Clarissas lebhaftem Bericht[120] für antibürgerlich ausgab, legte er gleichsam über Nacht ab, als er der zweiundzwanzigjährigen Jan Gabriel aus New York City begegnete, deren Namensgleichheit mit Janet aus *Ultramarin* ihm als ein Wink des Schicksals vorkam.

Die jüdische Journalistin mit dem exotischen Aussehen, die soeben eine Reise durch das nördliche Afrika unternommen hatte und darüber für linksstehende Zeitungen schrieb, zeigte gleichfalls ein lebhaftes Interesse an dem jungen Schriftsteller, setzte aber zu dessen Leidwesen ihre Fahrt durch Europa allein fort. Lowry erkannte die Chance, sich mit Hilfe der selbstbewußten Jan aus dem Bann der Familie und gleichzeitig vom Einfluß des Ersatzvaters Aiken zu befreien, mit dem es auch prompt zu einer heftigen Eifersuchtsszene kam. Bei einem Wiedersehen mit Jan in London reifte in beiden der Entschluß zu heiraten. Während Lowry die Eltern nur zögernd von der am 6. Januar 1934 in Paris vollzogenen Trauung unterrichtete, sie nie persönlich mit seiner Frau bekannt machte und dennoch eine monatliche Unterstützung erreichte, suchte Jan im Sommer 1934 ihre Mutter in New York auf, um sie über ihre veränderten Verhältnisse zu informieren und um für ihren Mann, der nach dem Erscheinen von *Ultramarin* an weiteren Texten arbeitete, einen Verleger zu finden.

Alleingelassen verlor Lowry schnell die gerade erworbene Sicherheit und begab sich mit dem neugewonnenen Freund und Schriftstellerkollegen James Stern auf tagelange Zechtouren durch die Seine-Stadt. Ohne die Rückkehr seiner Frau abzuwarten, vielleicht weil er eine Entfremdung fürchtete, wie er sie dann in der Erzählung *Hotelzimmer in Chartres* darstellte, fuhr Lowry im Herbst nach New York. Einer seiner Helden spekuliert einmal, daß ihn nicht allein eine Frau über den Ozean geführt habe: *Vielleicht war's auch nur Amerika, hinter dem ich her war, so wie ihr hin und wieder England nachjammert mit eurem Quatsch über den ach so großen Shakespeare. Bei mir war's eben umgekehrt. Bei mir waren es Eddie Lang und Joe Venuti, und Bix Beiderbeckes Tod… und ich wollte sehen, wo Melville gelebt hat.*[121] Wieder vereint besichtigte das junge Paar in der Tat ausführlich die Schauplätze von Melvilles Leben in New England. Im Winter 1934/35, erinnert sich Jan, nahmen sie teil «an der aktuellen literarischen Bewegung in New York»[122], wie sie von dem Kritiker

Edmund Wilson und der gerade gegründeten linksliberalen Zeitschrift «The Partisan Review» ausging.

Als lebenslangen Agenten gewann Lowry Harold Matson. Vor der Hektik der Parties und Empfänge, die Jan so liebte, floh Lowry bald in die Einsamkeit des Schreibens. In der Rückschau kritisierte Jan die Schreibbesessenheit ihres Mannes, die keinen Raum mehr gelassen habe für alles andere, was sie von einem Vierundzwanzigjährigen hätte erwarten können. Es scheint, als habe die Höllenmaschine ihren Lauf begonnen, von der Lowry, spätestens seit er in Paris Jean Cocteaus gleichnamiges Theaterstück gesehen hatte, wußte, daß für ihr unheilvolles Kreisen kein Schicksal, sondern nur er selber verantwortlich war. Die Flucht in den Alkohol, die eine seiner Personen treffsicher als *Regression auf die präsexuelle orale Entwicklungsstufe*[123] interpretiert, sollte seiner auf Selbständigkeit pochenden Frau sein Bedürfnis nach einer mütterlichen Beschützerin sinnfällig vor Augen führen, während sein zerstörerisches Verhalten sie gleichzeitig für mangelnde Zuwendung bestrafte. In Begleitung des Freundes Eric Estorick entdeckte Lowry die Reize der Subkultur in den Bars von Harlem. Die Kluft zwischen den Gatten vergrößerte sich, als Lowry wegen häufiger Volltrunkenheit homosexuelle Kontakte nicht mehr ausschließen konnte und er überdies eine syphilitische Ansteckung befürchten mußte. Als Buße legte er sich Liebesverbot auf und verließ das gemeinsam bewohnte Hotel. Sein früherer Mentor Aiken fand ihn schließlich im *Kellergeschoß eines alten Sandsteinhauses,* umgeben *von einem großen Berg Wäsche und siebzig leeren Bierflaschen.*[124] Wie das *Epitaph*[125] überschriebene Gedicht zeigt, wußte Lowry, daß er sich auf eine Grenze zubewegte, gegen deren Überschreitung er von nun an zu kämpfen hatte:

Malcolm Lowry	*Malcolm Lowry*
Late of the Bowery	*kam von der Bowery*
His prose was flowery	*Seine Prosa war blühend*
And often glowery	*und oft dunkel glühend*
He lived, nightly, and drank, daily,	*Er lebte nachts, am Tag trank er viel,*
And died playing the ukulele.	*er starb beim Banjospiel.*

Vorerst, so schien es jedenfalls, hatte er die Niederlagen von Körper und Seele noch einmal, *wenn nicht überwunden, so doch nutzbar gemacht, sie für sich arbeiten lassen*[126]. Mit Anzeichen von Delirium Tremens war er in die Psychiatrische Abteilung des Bellevue Hospital eingewiesen worden, in dessen Nähe Herman Melville unter seiner letzten Adresse «Moby Dick» vollendet hatte. Als sich nach einigen Tagen Probleme hinsichtlich der Behandlungskosten ergaben, verließ Lowry die Klinik in Begleitung seiner herbeigeeilten Frau. Später behauptete er, er habe sich freiwillig der Behandlung unterzogen, um an der Stätte des Wahnsinns Material für eine Geschichte zu sammeln, die er auch sofort zu schreiben begann.

Herman Melville

Mit der *Die letzte Adresse* überschriebenen Erzählung, die er an «Story Magazine» schickte und bald darauf zur Revision zurückverlangte, beginnt die lange Reihe der Werke, die Lowry immer wieder überarbeitete und deren endgültige Fertigstellung er niemals bewerkstelligte. 1940 schuf er eine Variante des Textes: *Swinging the Maelstrom,* die 1956 in französischer Übersetzung in der Zeitschrift «L'Esprit» als Fortsetzung erschien. Noch kurz vor seinem Tod glaubte Lowry aus inzwischen acht Versionen eine neue mit dem Titel *Lunar Caustic* erstellen zu können, ein Vorhaben, das seine zweite Frau Margerie und sein kanadischer Freund, der Poet Earle Birney in seinem Sinn vollendeten. Ihre Kompilation aus den frühen und späten Texten, die mittleren wurden als zu optimistisch verworfen, erschien zuerst 1963 in der Zeitschrift «Paris Review».

Die letzte Adresse ist der Ort, an dem der jugendfrohe Held aus *Ultramarin* schließlich jenseits des Meeres stranden mußte. Aber nicht nur auf seemännische Erfahrungen kann die Hauptperson Bill Plantagenet zu-

45

rückblicken. Hinter Plantagenet liegen eine Ehe und eine ebenfalls gescheiterte Karriere als Künstler. Gegenüber dem Erstling hat Lowry die leicht manieriert wirkende Haltung, etwas vorzeigen zu wollen, völlig aufgegeben. Die Handlung ist authentisch und zugleich künstlerisch durchdrungen. Von Anfang an ist klar, daß sich, wie schon der Text selbst, auch sein Protagonist auf unsicherem Boden bewegt: *... er geht weiter, es sieht aus, als stakse er über lauter Hindernisse oder schwanke über die Brücke eines rollenden Schiffes.*[127] In einem Brief an Aiken führt Lowry aus, daß der Kurzroman, den er ohne Bescheidenheit ein *Meisterwerk*[128] nennt, *u. a. von der hysterischen Identifikation eines Mannes mit Melville handelt*[129]. Tatsächlich ist der Autor von «Moby Dick» für *Die letzte Adresse* Thema und Vorbild. Verheißung und Schrecken, ununterscheidbar vereint in der Weiße des Wals, walten auch in der Welt des vom Alkohol getriebenen Plantagenet, dem wir begegnen, kurz bevor er aus freiem Willen, aber voller Zweifel den entscheidenden Schritt in die Obhut des Hospitals tut, das er bereits den ganzen Tag wie Dantes Berg der Läuterung umkreist hat. *Jetzt türmt es sich vor ihm auf, bedrohlich nahe. Er ist am Ziel. Er setzt die Flasche an die Lippen und nimmt einen letzten langen Zug.*[130] Während Dantes Seelen, froh, dem Inferno entronnen zu sein, das Schiff verlassen, das sie an das Ufer des Fegefeuers getragen hat, wird hier ein vergleichbarer Vorgang in ein irritierendes Zwielicht gerückt: *Mit dem nervenzerreißenden Kreischen eines auflaufenden Schiffes schließt sich das Tor hinter ihm.*[131] Am Ende wird er in die Außenwelt zurückkehren, nach der sich alle Patienten der Klinik verzehren, obgleich sie, wie Plantagenet seinem Arzt eröffnet, in Wirklichkeit die Hölle ist: *Sehen Sie New York? Da haben Sie die Alpträume. Dort draußen warten sie... die Schrecken des Krieges... alle Alpträume der Welt... wie Wilde... und das Delirium... Christi Höllenfahrt... das Gewissen schreit... und die einsame Seele stürzt sich federlos in den Abgrund.*[132]

Nach einem Plan, den Lowry Anfang der vierziger Jahre entwickelte, sollte *Die letzte Adresse* in einer *dantesken Trilogie*[133], die er seine *trunkene Göttliche Komödie*[134] nannte, den Teil des Purgatoriums einnehmen, während er den *Vulkan* für das Inferno vorsah und für das Paradies den Roman *In Ballast to the White Sea,* der – war es ein Zufall? – verlorenging. Wenn Dantes Fegefeuer ein Ort der Pein, aber auch der Hoffnung ist, so fehlt Lowrys Szenarium jede Heilserwartung. Was schon in *Höllenstein,* dem deutschen Namen für *Lunar Caustic,* anklingt, wird rasch zur Gewißheit. Auf Lowrys literarische Ortsbestimmung ist kein Verlaß; sein Purgatorium liegt «näher zur Hölle als zum Himmel»[135]. Als Plantagenet im Hospital, das keine Unterscheidung zwischen Asyl oder Gefängnis zuläßt, aus seinem Rausch erwacht, sind es drei Personen, die ihm Orientierung versprechen: der Arzt Claggart und die beiden Patienten Garry und Kalowsky. Den letzteren hat ein ruheloser

Inferno. Illustration von Gustave Doré zu Dantes «Göttlicher Komödie»

Wandertrieb durch viele Länder der Erde geführt. Mit Unterstützung des neuen Patienten hofft er nun endlich das Hospital verlassen zu können. Der vierzehnjährige Garry ist ein großer Fabulierer, als «Seher durch eine lange, gewaltige und überlegte Verwirrung aller Sinne»[136] ein Ebenbild des jungen Rimbaud, davon überzeugt, daß von seinen Geschichten eine heilsame Wirkung ausgeht: *Ich erzähl' dir Geschichten, dann wirst du gesund.*[137] Die schreckliche Wahrheit ist jedoch, daß beide in der Klinik zwangsverwahrt werden, weil sie gemeingefährlich sind. Kalowsky hat seine Mitmenschen bedroht und Garry gar einem kleinen

47

*«Das Kabinett des Doktor Caligari», mit Werner Krauß in der Titelrolle,
Conrad Veidt und Lil Dagover*

Mädchen die Kehle durchgeschnitten. In einem heftigen Ausbruch von
Mitgefühl will Plantagenet sich mit den Wahnsinnigen solidarisieren, von
denen er sich als Trinker deutlich unterscheidet: ... *ist es nicht sonderbar,
daß ich den ganzen langen Weg von England kommen mußte, um in diesem
Irrenhaus zwei Menschen zu finden, die mir wirklich wichtig sind.*[138] Beide
verkörpern typische Lowry-Figuren: nicht unsympathisch, aber unerlöst,
schuldig Unschuldige.

In der zentralen Dialogszene des Romans unternimmt es Plantagenet,
dem sich analog zu Lowrys Lieblingsfilm «Caligari» die Grenzen zwischen
Irrsinn und Normalität aufgehoben haben, den Arzt Claggart von seiner
Sicht der Krankheit zu überzeugen. Mit visionärer Kraft nimmt er Ein-
sichten vorweg, deren Brutalität der Nachwelt nicht erspart geblieben ist,
etwa wenn er die Frage stellt, *ob der Arzt je einen Gedanken daran ver-
schwendet hatte, was für ein Sinn darin bestand, arme Irre an eine boshafte
Welt anzupassen, über die Wahnsinnige die Vorherrschaft besaßen, die in
ihrem Wahnsinn nur ein wenig subtiler waren, und in der neurotisches Verhalten an der Tagesordnung*[139] war. Obgleich der Name des Arztes dem
des Bösewichts in Melvilles «Billy Budd» entspricht, zeichnet ihn eine

merkwürdige Ambivalenz aus: *...er konnte den Arzt in seinem weißen Kittel nicht ausmachen zwischen all den weißen Phantomen.*[140] Claggart, der die Mängel der städtischen Klinik offen eingesteht, beruft sich gegenüber den heftigen Vorwürfen Plantagenets auf Sachzwänge. Dem Wahnsinn begegnet er mit Argumenten praktischer Vernunft, ein Standpunkt, der nicht nur für die Patienten Gleichgültigkeit und *Eiseskälte*[141] ausstrahlt. Der Arzt hat es leicht, die Vorstellungen des Alkoholikers von der Überwindung des Bösen und der Erneuerung der Menschlichkeit als Projektionen eigener Wünsche zu entlarven, die mit der Realität der Krankheit nichts zu tun haben. Schließlich erkennen beide, daß sie aneinander vorbeireden. Während der Arzt erleichtert in die Routine des Klinikalltags entflieht, überläßt sich Plantagenet resignativen Gedanken: *...seine Hoffnung war eine falsche, eine künstliche Hoffnung... wie es auch sein konnte, daß ein Mensch zu dem Zeitpunkt, da ihn der Wahnsinn befiel, schon nicht mehr merkte, welche Erleichterung darin lag.*[142] Die Bemühungen des selbsternannten Erlösers münden in eine existentielle Erschütterung: *Ein Wasserflugzeug glitt weiß vorüber, und als es jetzt beidrehte, hatte es für Plantagenet plötzlich die Seiten- und Schwanzflossen und den plumpen glänzenden Kopf eines Wals; jetzt kam es röhrend direkt auf das Fenster zu, direkt auf ihn... Es folgte ein wütender Donnerschlag; gleichzeitig fühlte Plantagenet, wie sein ganzes Wesen wie vom Anprall des Flugzeugs, des Wals, erschüttert wurde. Und während die Halluzinationen einander jagten, durchraste er mit einem letzten, die ganze Katastrophe überschauenden Rest von Geistesklarheit noch einmal das alte Leben Kalowskys und das junge Leben von Garry, die jetzt beide fortwirbelten bis sie nicht mehr zu sehen waren, wie das Flugzeug, das sich steil in den zerfetzten Himmel emporschraubte.*[143]

Doch der Aufenthalt in der Klinik, der nun und nur für Plantagenet endet, ist nicht so wirkungslos geblieben, wie das Silbernitrat (das ist *Lunar Caustic*), mit dem man Syphilis und Alkoholismus zu kurieren versucht. Plantagenet weiß jetzt, daß seine Frau ihn verlassen hat, weil er nicht die Kraft aufgebracht hat, sie zu halten. Und er hat eingesehen, daß nicht eine unbestimmbar bedrohliche Außenwelt für seine Situation verantwortlich ist, sondern er selbst. Er ist nicht, wie all die anderen, denen er helfen wollte, eingesperrt in eine geschlossene Abteilung, sondern einzig in das *Gefängnis seines Bewußtseins... Noch war er diesem Gefängnis nicht entkommen, und er würde ihm auch nicht entkommen, indem er einfach fortging.*[144] *Die letzte Adresse* ist mehr als ein Psychiatrieroman, der Ideen der Anti-Psychiatrie vorwegnimmt; er ist, wie alle Werke Lowrys, eine bestürzende Studie über Entfremdung. In Übereinstimmung mit Melvilles Ansichten spürt Plantagenet, daß den «unfaßbaren Phantomen des Lebens» ein Sinn zugrunde liegen muß, den der Mensch zu erkennen verlernt hat. *Selbst die windgeschüttelten Bäume, die sich in die von Blitzen erhellte Finsternis neigten, fühlten ihre Wurzeln noch immer in der*

Erde ruhen und ihre Wipfel in den Himmel ragen, konnten auf ihre pflanzliche Weise zueinander sprechen, ahnten, woher sie kamen und wohin sie gingen, und wenn die Blätter fielen, wußten sie, daß es so richtig war.[145]

Plantagenet ist gescheitert mit dem Versuch, sein Selbst gegenüber sich und anderen zu bestimmen. Während er dem Arzt noch grandios und doppeldeutig verkündet: *Ich habe vor, nicht nur das Trinken aufzugeben, sondern die Welt überhaupt*[146], greift er außerhalb des Gebäudes, *das für einige Zeit sein Zuhause gewesen war*[147], bei der ersten Gelegenheit wieder zur Flasche. Unrettbar dem Solipsismus verfallen, den Lowry schon bald als kollektive Erkrankung diagnostizieren wird, regrediert der Vorgänger des Konsuls auf eine pränatale Entwicklungsstufe: ... *mit dem Glas in der Hand zog er sich später in die dunkelste Ecke der Kneipe zurück, wo er, zusammengekauert wie ein Embryo, von niemandem mehr gesehen werden konnte.*[148]

«Auf der Mescalebene» [149]

In Mexiko

Als Jan im Spätsommer 1936 vorschlug, gemeinsam eine Busreise nach Hollywood zu unternehmen, wo John Davenport als Drehbuchautor unter Vertrag stand, eröffnete sich Lowry die Möglichkeit, einerseits dem *Moloch Stadt* [150] zu entkommen, andererseits seine desolate Ehe zu beleben. Eine geregelte Arbeit beim Film kam für ihn jedoch nicht in Betracht. Er suchte neue Erfahrungen, und die glaubte er am billigsten im Nachbarland Mexiko machen zu können, wie vor und nach ihm so viele andere.

Am Allerseelentage [151] erreichte das Paar, von Los Angeles kommend, mit dem Schiff Acapulco. Die Festlichkeiten zum Tag der Toten vermittelten einen ersten, aber prägenden Eindruck. Per Bus reisten sie über Mexico City in das 50 Meilen südlicher gelegene Cuernavaca, wo es eine größere Ausländerkolonie gab. Hier mieteten sie in der Calle de Humboldt einen einfachen Bungalow mit drei Räumen und einem verwilderten Garten, von wo aus man an besonders schönen Tagen die beiden Vulkane Popocatépetl und Ixtaccihuatl sehen konnte. Den Garten begrenzte eine der vielen für die Stadt typischen Schluchten, die Barranca. Hauptsehenswürdigkeiten der Stadt sind noch heute der Palast des Cortés mit den Wandmalereien von Diego Rivera zur Geschichte des Landes und die urwaldähnlichen Borda-Gärten, in deren Wohnanlage der unglückliche Kaiser Maximilian von Habsburg mit seiner Frau Carlotta die Sommermonate zu verbringen pflegte.

Malcolm Lowry erkannte auf der Stelle, daß diese Landschaft eine großartige Thematik widerspiegelte, die auch die seine war: Cuernavaca, die «Stadt des ewigen Frühlings», der Garten Eden, Schauplatz einer großen, aber schließlich zerstörten Liebe, bedroht von höllischen Abgründen und überragt von der ewigen Schönheit zweier Berge, die vor Urzeiten eine Einheit gebildet hatten. Bei seiner vor allem auf William H. Prescotts «History of the Conquest of Mexico» (1844) zurückgehenden Beschäftigung mit der Geschichte des Landes stieß Lowry auf einen gespenstischen Reigen von Betrug, Grausamkeit und Untergang, für den das

Cuernavaca: der Palast des Cortés

mexikanische Wissen um den Kreislauf von Leben und Tod die Kulisse bildete.

Den äußeren Anstoß zu der Erzählung, aus der später *Unter dem Vulkan* wurde, lieferte ein Ereignis, welches sich Weihnachten 1936 auf einer Fahrt zum Rodeo in Chapultepec zutrug und das in Kapitel VIII des Romans geschildert wird. Der Bus stoppte neben einem verwundeten Indio, der offenbar Opfer eines Überfalls geworden war. Eine Hilfeleistung vor dem Eintreffen der Polizei untersagte das Gesetz. Statt dessen beraubte ein Mitreisender den Unglücklichen seines Geldes. Für Lowry beleuchtete die Hilflosigkeit der Kreatur gegenüber der barbarischen Gewalt schlaglichtartig die geistige und politische Situation der westlichen Welt, die seit dem Juli 1936 durch den Bürgerkrieg in Spanien erschüttert wurde. Mit wachsendem Einfluß hatten sich unter der Führung Deutschlands und Italiens Kräfte versammelt, um die humanistischen und demokratischen Ideen der Aufklärung, die sie für die Spannungen in den modernen Gesellschaften verantwortlich machten, zugunsten einer Ideologie zu bekämpfen, die einem längst überwunden geglaubten Gruppenegoismus huldigte und die in dem rückständigen Spanien ein ideales Übungsfeld sah. Lowry begriff selbst im fernen Mexiko, daß die Errungenschaften der Zivilisation auf dem Spiel standen, die zu verteidigen die westlichen Demokratien zögerten. Ihnen macht er in dem Gedicht *Donner über dem Popocatépetl*[152] den Vorwurf:

Ihr, die ihr zu keinen Waffen greift, den guten Wind [der Vernunft]
zu verteidigen
. . .
die Vernunft bleibt bestehen, obgleich euer Verstand sie im Stich läßt.

Aus eigener Erfahrung wußte Lowry, daß Rückfälle in einen gefähr-
lichen Irrationalismus nur der verhindern konnte, der Bereiche zu erhellen wagte, die bisher vom forschenden Geist gemieden wurden. So wie
Himmel und Hölle für Lowry das sind, als was sie die Aufklärung ent-
schleierte, nämlich Projektionen des menschlichen Geistes, müssen auch
das Böse und dessen Ausdruck, die Barbarei, dem Denken zugänglich
gemacht, ihr Dunkel ins Licht gerückt werden.

Sieh, *grundlos umherschweifend, des Verstandes Blütenblatt / von einem*
guten Baum gerissen... doch wo anders wird es sich / niederlassen als in
der letzten Finsternis und ganz am Ende? [153]

Die Vulkane Ixtaccihuatl und Popocatépetl

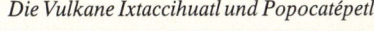

In einer Zeit, da Deutschland sich anschickte, als das Land *mit den blutigen Händen*[154] in die Geschichte einzugehen, werden Ereignisse der Politik, die in Lowrys Werken bisher nur am Rande auftauchten, nun zum Brennpunkt, in dem sich individuelles Schicksal und Menschheitsgeschichte bündeln.

Politisch stand Lowry links, wo das Herz schlägt, aber keine Heimat ist. Poes Hilfeschrei: «Um Gottes willen, hab Mitleid mit mir und rette mich vor der Vernichtung», den Lowry in der Erzählung *Seltsamer Trost, den der Beruf gewährt* zitiert[155], wird für ihn, der doch selber des Mitgefühls so sehr bedurfte, zum Ruf der Zeit. Daß er unerhört verhallte, trieb Lowry in die Verzweiflung. Da sie dem Schmerz entspringt, ist sie niemals abstrakte *Daseinsaussage*[156], sondern stets konkret. Für den Existentialismus französischer Prägung brachte der Engländer kein Verständnis auf. Der gewaltsame Tod eines Menschen, wie er ihn auf der Busfahrt nach Chapultepec miterlebt hatte, stellt für Lowry die menschliche Ordnung und zugleich den Sinn der Schöpfung in Frage; *denn die Qual eines Menschen gehört allen Menschen und Gott*[157], dessen Versagen, will man dem Dichter folgen, sie gleichfalls bekundet:

> *So groß ist Gottes Not*
> *In dem wilden Kaktusland*
> *Weinen hörte ich Ihn dort*

> *Daß ich mich wage an den Ort*
> *Wo man den Peon erschlagen fand*
> *So groß ist Gottes Not...*[158]

Hinter der pathetischen Geste, *sich mit den Heimatlosen und Vertriebenen überall eins* zu fühlen, *so, als führte er einen geistigen Kampf für sie, selbst ohne die richtigen Waffen dafür und sogar ohne ersichtlich zu kämpfen*[159], erblickte Lowry allerdings auch einen Charakterzug, den er verurteilte: *Mitleid bewertete er höher als alles andere, obwohl er einsah, daß sich in diesem Wunsch eine Schwäche verbarg. Tatsächlich wäre jeder, der so etwas geäußert hätte, in seinen Augen wegen Heuchelei verdammt gewesen.*[160] Ist es nicht ein Zeichen blinder Ichbezogenheit, wenn sich Lowry zwar brennend für jüdische Geheimlehren interessiert, aber nirgendwo ein Wort über die schrecklichen Leiden der Juden verliert, die dem Nazi-Terror ausgesetzt waren? Und trotzdem legt Lowry nicht ohne Selbstkritik den Finger auf eine weitere Wunde westlicher Intellektueller: *Auch die Schwäche des Selbstmitleids mußte ausgemerzt werden.*[161] Nun, da sich in Europa das große Sterben ankündigte, fühlte sich Lowry zu einer Stellungnahme herausgefordert. Deutlich spricht im *Vulkan* aus der Person Hughs das schlechte Gewissen des Autors, selbst nicht wirkungsvoller für die Sache der Demokratie eingetreten zu sein. Dies wiederum stand zur Dis-

Eine der Bars von Cuernavaca, in denen Lowry trank

kussion, als im Sommer 1937 Conrad Aiken in Cuernavaca auftauchte, um dort seine dritte Frau zu heiraten. Die heftigen Auseinandersetzungen mit dem misanthropischen Ästheten, der die fortschrittlichen Ansichten des Paars, insbesondere Jans emanzipiertes Auftreten, aufs schärfste mißbilligte, verarbeitete Lowry in Kapitel X seines Romans, dessen erste Fassung gerade entstand.

Als Arbeits- und Beobachtungsplatz hatte Lowry, wie vorher Schiff oder Hospital, nun die unzähligen Cantinas des Ortes für sich entdeckt. Hier notierte er die Monologe der Gäste und die Versuche der Einheimischen, mit ihm auf englisch ins Gespräch zu kommen. So vereinte Lowry seine Bedürfnisse als Trinker mit der Perspektive, die ihm die liebste war. Einerseits befreite ihn das Trinken, von dem er unter Berufung auf William James behauptete, daß es *das metaphysische Bewußtsein des Menschen gestärkt*[162] habe, zeitweilig vom Druck der Wirklichkeit, andererseits befähigte es ihn, sie um so empfänglicher wahrzunehmen, zumal er auch im Rausch jede Einzelheit zu registrieren schien. Von der schwankenden Höhe des Barhockers herab prahlte er: *Wie kannst du hoffen ... die Schönheit einer alten Frau aus Tarasco, die um sieben Uhr morgens Domino spielt, zu begreifen, wenn du nicht so trinkst wie ich?*[163] Daß er diese Szene

Lowry und seine erste Frau Jan, Juni 1937 in Cuernavaca

beschreiben konnte, war indessen nicht der Triumph des Alkohols, sondern der Sieg über ihn. Wie sehr die Gemeinschaft der Trinker auf einer todbringenden Täuschung beruht, erweist sich spätestens im Farolito-Kapitel von *Unter dem Vulkan*.

Wenn Lowry sich gegenüber Jan beklagte: *Ach, eine Frau kann die Gefahren, die Widersprüche, ja, die Bedeutung des Lebens eines Trinkers nicht erahnen*[164], so hatte diese allzu oft die Erfahrung machen müssen, daß die schöpferischen Kräfte, die im Alkohol verborgen liegen sollten, immer wieder zum Abbruch der ansonsten sehr lebhaften Kommunikation zwischen den Eheleuten führten. Tagelang kam Lowry nicht nach Hause, so daß Jan, wie in der Zeit vor ihrer Ehe, Besichtigungsreisen allein unternahm, begleitet allerdings von der Eifersucht ihres Mannes.

Arthur Calder-Marshall, der die Lowrys im September 1937 besuchte, kam es vor, als habe sich der Schriftsteller bewußt in eine private Hölle begeben, in der Hoffnung, mit einem Meisterwerk wieder aufzutauchen. In diesen Abgrund wollte Jan ihrem Mann nicht folgen. Auch um sich selbst zu retten, verließ sie im Dezember 1937 den Mann, der den Alkohol mehr als alles andere liebte. Wie dieser, stellte sie sich dem, was hinter ihr lag, indem sie darüber schrieb.[165]

Im *Vulkan* findet die Trennung ihr Symbol in einem gespaltenen Fel-

sen, dem steingewordenen Abbild der Unfähigkeit, aufeinander zuzuge-
hen, wo doch nur eine kurze Distanz zu überwinden wäre: *Wenn Feuchtig-*
keit und Gesteinschutt ihr Werk getan hatten, würden die beiden getrennten
Hälften des gesprengten Felsens zu Erde zerbröckeln. Es war unausweich-
lich, sagte das Bild... War es das wirklich? Gab es nicht eine Möglichkeit,
diesen armen Felsen zu retten, an dessen Unveränderlichkeit noch vor kur-
zem niemand zu zweifeln gewagt hätte? Ach, wer hätte sich diesen Felsen
anders denken können als ganz und unteilbar? Aber selbst wenn man hin-
nahm, daß er gespalten war, gab es keinen Weg, wenigstens jede Hälfte für
sich vor der totalen Auflösung zu bewahren? Nein, es gab keinen Weg.[166]
Lowrys Weg allerdings führte direkt in die alte Zapotekenstadt Oaxaca,
das Paradies seiner Verzweiflung[167], wo ihn der beste Mescal Mexikos,
jener Mythen und Rausch fördernde Agavenschnaps, aber auf dem
Grund des Glases keine Hoffnung erwartete. Sein Verhalten konnte er
nicht anders denn als Selbsthaß interpretieren:

> *Doch war ich auch jener grausame Peitschenskorpion,*
> *der sich zu Tode sticht unter dem Stein,*
> *wo keine Botschaft ist, auf der Mescalebene.*[168]

An Davenport schickte Lowry aus dem Hotel «Francia» einen Brief, der
als Hilferuf gedacht war und doch die Selbststilisierung eines Schauspielers
offenbart, der auch in einer ausweglosen Lage seine Rolle beherrscht:
S. O. S. Sinke schnell mit Heck und Bug... Es gibt keine Worte, den schreck-
lichen Zustand, in dem ich mich befinde, zu beschreiben.[169] Trotzdem zö-
gert er nicht, seine Lage auf eindrucksvolle Weise literarisch zu sehen: *Es ist*
die vollkommene Kafka-Situation; aber Du wirst mir verzeihen, daß ich das
nicht mehr komisch finde.[170] Als wolle er sich den Paradoxien seines be-
rühmten Vorbilds anschließen, fährt er fort: *Hier gibt es eine Kirche für die*
Einsamen, und der Trost, den man da erhält, existiert nicht, obwohl ich dort
schon oft geweint habe... Ich kann mir nicht einmal entfernt vorstellen, daß
ich diese furchtbaren Worte schreibe; aber hier bin ich, draußen ist die Sonne
und drinnen – das weiß Gott allein und Er hat schon abgewunken.[171] Mit der
Absicht, den Freund zu einer Reise nach Mexiko zu bewegen, gibt er ihm
zu verstehen: *Ich habe auch etwas nicht so Freundliches entdeckt: drohen-*
den Wahnsinn![172] Obwohl er damit kokettierte war Lowry niemals ein
Paranoiker. Die Nähe zum Wahnsinn war vielmehr, wie die zum Tode, *ein*
Medium, in dem er ständig lebte[173].

Als sich Lowry in Oaxaca, wo er wegen seiner Trunkenheit aufgefallen
war, nicht ausweisen konnte, weil er, wieder einmal *perfectamente borra-*
cho[174], seinen Paß verloren hatte, sperrte man ihn zur Jahreswende kur-
zerhand ins Gefängnis, eine Erfahrung, deren Schrecken sich in dem
Gedicht *In the Oaxaca jail*[175] widerspiegeln. Wenn Lowry darüber an Davenport berichtet: *...in einem mexikanischen Gefängnis muß man*
manchmal aus einem Pißpott trinken[176], so drängt sich die Frage auf, ob er

Die «Jungfrau für die, die niemanden mehr haben», in der Kirche von Oaxaca

nicht auch dies im Hinblick auf eine spätere literarische Verwertung getan haben mag. Die Rettung nahte diesmal nicht aus Amerika, sondern
in Gestalt eines einheimischen Zapoteken namens Juan Fernando Marquez, dem Lowry im *Vulkan* in den Personen des Dr. Vigil und des Juan
Cerillo ebenso wie in dem 1950 erschienenen Essay *Garden of Etla* und
in dem nachgelassenen Romanfragment *Dunkel wie die Gruft, in der
mein Freund begraben liegt* Denkmäler setzte, die er jedoch stets in ein
geheimnisvolles Dunkel hüllte: *Im wirklichen Leben arbeitete er, obwohl
er ausgebildeter Apotheker war, für die Banco Ejidal, und die schickte
ihre Leute über den ganzen Staat, Hunderte Meilen weit, dorthin, wo es
keine Postämter gibt, die das Geld für die Kolchosen abliefern könnten –
das war seine Aufgabe.*[177] Diese Arbeit, bei der Lowry seinen neuen
Freund einmal nach Parián begleitete, wo der Konsul sterben sollte,
setzte viel Idealismus voraus, da die reitenden Geldboten häufig von re-
gierungsfeindlichen Banden überfallen wurden. Die Bewunderung, die

Lowry für den vierundzwanzigjährigen Marquez, mit dem er nur wenige Tage zusammen war, hegte, erweist sich als klassisches Übertragungsphänomen. Der vielfach Porträtierte, *ein Mann von wildem Mut, Bescheidenheit und Seelengröße*[178], trägt unverkennbar Züge vom Wunsch-Ich des Autors, der sich überdies mit dem folgenden Geständnis identifizieren mochte: *Dann sagte Fernando etwas so Schönes mit einem so traurigen Akzent...: «Ich bin ein Trinker.»*[179] Als Marquez bereits zu Beginn des Jahres 1938 nach Cuicuitlan versetzt wurde, verkehrte Lowry nur noch brieflich mit ihm und mußte dann bei seiner zweiten Mexiko-Reise erfahren, daß sein Freund in einer Cantina von Zechgenossen erschossen worden war.

Im Sommer 1938 waren auch für Lowry die Tage in Mexiko gezählt. Großbritannien hatte aus Protest gegen Enteignungsmaßnahmen, die Lowry begrüßte, *denn heutzutage ist es für jedermann offenkundig... daß die Erbsünde im Besitz von Grund und Boden bestand*[180], die Beziehungen zur Regierung des Sozialisten Cárdenas abgebrochen. Lowrys Vater, der geschäftlich in Mittelamerika engagiert war und für seinen Sohn

In der Kirche der Soledad von Oaxaca

Mescal...

Schwierigkeiten befürchtete, zahlte dessen Schulden und ließ ihn auf *demütigende Weise*[181] nach Los Angeles verfrachten.

Bei seiner Ankunft stellte Lowry fest, daß er praktisch entmündigt war. Im Auftrag des Vaters sorgte ein Anwalt für Unterbringung und Verpflegung. Während des Zwangsaufenthalts im Hotel «Normandie» arbeitete Lowry an seinen Manuskripten, darunter eine Bühnenfassung von Griegs «Und das Schiff geht weiter». Voreilig kündigte er dem Norweger bereits einen Band Gedichte an mit dem Titel *Der Leuchtturm zieht den Sturm an.*

Obwohl sich Lowry zum Lyriker berufen fühlte und Hunderte von Gedichten in enger Wechselbeziehung zum übrigen Werk entstanden, erlebte er nur wenige Zeitschriftenveröffentlichungen seines lyrischen Schaffens. «Wort und Bilder der Gedichte», urteilt der deutsche Übersetzer und Lowry-Herausgeber Joachim Sartorius über die 1962 postum erschienenen *Selected Poems*, «sind mit einer Gewalt geladen, die nur für den wirklich kommunizierbar wird, der Literatur und Leben ihres Schöpfers kennt. Er wird in den Gedichten, mitunter in reinster Form, die Lowrysche Kosmogonie wiederfinden.»[182] Über den Entstehungsprozeß vieler Gedichte gibt eine Episode aus dem *Vulkan*, den der Autor ja gleichfalls als *im wesentlichen poetisch*[183] einschätzte, nähere Auskunft. Auf der Rückseite einer Speisekarte findet Yvonne *die rätselhaften Wörter* ⟨*Not... Kot... bot*⟩ *und darunter ein langes, unleserliches Gekritzel. In der Mitte der Karte waren die Wörter* ⟨*Seil... Keil... feil*⟩ *zu lesen, dann* ⟨*eine kalte Zelle*⟩, *während rechts als Ursprung und teilweise Erklärung des Unverständlichen etwas stand, was wie ein im Entstehen begriffenes Gedicht aussah, vielleicht ein Versuch zu einem Sonett...*[184]

Obgleich Lowry kaum einen Schritt unbeaufsichtigt tun konnte, lernte er im Juni 1939 Margerie Bonner kennen. Was bei dem zufälligen Zusammentreffen an der «Ecke Hollywood und Western Avenue»[185] nach Margeries Worten als «Liebe auf den ersten Blick» begann, hatte ein Leben lang Bestand. Am 18. Juli 1905 geboren blickte Margerie bereits auf ein bewegtes Leben zurück. Schon mit vierzehn Jahren trat sie in Hollywood als erfolgreiche Darstellerin in Stummfilmen auf und ernährte auf diese Weise die übrigen Familienmitglieder. Mit dem Aufkommen des Tonfilms verlor sie ihre Stellung, arbeitete aber weiter in der Filmbranche als Sekretärin und schrieb nebenbei Radiobeiträge und Kriminalgeschichten. Wie Lowry hatte sie eine gescheiterte Ehe hinter sich, war jedoch weit besser als dieser den Rückschlägen des Lebens gewachsen. In Margerie fand Lowry die Frau, die er brauchte; *sie war eine lebhafte und aufregende Person. Ein Mädchen wie eine Flamme.*[186] Extravagant und ver-

... und seine Wirkung

Malcolm und Margerie Lowry, 1946 in Dollarton

sponnen, ähnelte sie ihrer Vorgängerin. Im Gegensatz zu dieser war sie indes bereit, sich für den Partner bis zur Selbstaufgabe einzusetzen, Geliebte und Mutter zu sein. Margeries Familie ersetzte Lowry die eigene, ferne Verwandtschaft, der er sich immer mehr entfremdete. Für den Tod ihrer Mutter findet er einfühlsamere Worte als beim Ableben seiner Mutter, das er in den Briefen nur im Zusammenhang mit geschäftlichen Dingen erwähnt. Doch zunächst entschied wieder einmal der leibliche Vater über die Zukunft seines Sohnes. Der hatte sich nämlich nach Vancouver zu begeben, angeblich um dort ein neues Einreisevisum zu beantragen, in Wahrheit wohl, weil der alte Herr nicht ganz ohne Grund Schwierigkeiten während des laufenden Scheidungsprozesses befürchtete. Da Lowry mit der baldigen Wiederkehr rechnete, ließ er alle Manuskripte in Kalifornien zurück. Der Aufenthalt in Kanada sollte mit wenigen Unterbrechungen fünfzehn Jahre dauern.

«Blaue Berge mit Schnee und blaues kaltes ungestümes Wasser»[187]

In Kanada

Bei dem Versuch, wieder in die USA einzureisen, wurde Lowry, offenbar weil er betrunken war, abgewiesen als eine *Person, die der Öffentlichkeit zur Last fallen könnte*[188]. Auf seinen Hilferuf hin kündigte Margerie ihren Arbeitsplatz und reiste Ende August 1939 mitsamt einer Tasche voller Manuskripte nach Britisch-Kolumbien. Schon kurz nach ihrer Ankunft erfuhr sie, was es bedeuten konnte, mit Lowry zusammenzuleben. Da ihre Beziehung geheimgehalten werden mußte, auch um die monatliche Unterstützung des Vaters von 100 Dollar nicht zu verlieren, waren sie skrupellosen Geschäftemachern ausgeliefert, so daß ihnen manchmal nur 2 Dollar die Woche zum Leben blieben. Eines Tages beobachtete Margerie, wie Lowry auf der Straße Passanten um ein Bier anbettelte, nachdem er bereits seine Kleidung bis auf die Unterwäsche versetzt hatte.

Die Briefe aus dieser Zeit beherrscht ein auffallendes Nebeneinander von Verzweiflung und Hochgefühl: *Ich stehe ganz kurz vor einem geistigen und nervlichen Zusammenbruch, obwohl immer wieder Fröhlichkeit hereinbricht*[189], umreißt Lowry den für die Zukunft der beiden wegweisenden Zustand. Es wurde Margeries Aufgabe, Lowry die Geborgenheit zu vermitteln, die er benötigte, um die extremen Spannungen fruchtbar machen zu können, die seinen Charakter und seine Begabung gleichermaßen auszeichneten und belasteten. Erst mit Margeries Hilfe gelang es ihm für geraume Zeit, die Niederlagen, die ihn zu vernichten drohten, in ein ästhetisches Spiel einzubringen, in dem er Teilnehmer und kritisch-ironischer Beobachter sein konnte. Mit Recht charakterisiert Lowry den im Entstehen begriffenen Roman über seine jüngste Vergangenheit als eine *Satire auf mich selbst*[190], in der er beinahe masochistisch eigene Schwächen aufdeckte, etwa die Hilflosigkeit beim Ankleiden oder gar die Neigung, wenn nichts anderes greifbar war, Rasierwasser zu trinken. Obwohl ihm die Entwicklung der eigenen Persönlichkeit kaum je gelang, arbeitete er mit Vorliebe an ihrer Demontage. Nie trifft Lowrys Spott den Mitmenschen. Dessen Fehler entzünden vielmehr sein Mitgefühl. So überwinden Selbstironie und Mitleid immer wieder den Narziß und demaskieren ein Zeitalter, welches ihm huldigt.

Häufig fühlten sich allerdings Freunde in ein Stück einbezogen, das sie nicht spielen wollten und das bisweilen auch Lowrys Regie entglitt. Anfang 1940 bat er Aiken in einem Brief, erneut sein Vormund zu werden. Damit hoffte er der Aufsicht durch die Anwälte des Vaters zu entgehen, der jeden direkten Kontakt mit dem mißratenen Sohn abgebrochen hatte. Im selben Brief entwickelte Lowry, dem doch nach eigenem Bekunden *der Gedanke unerträglich* war, *Initiative ergreifen zu müssen*[191], ein detailliertes Zwölf-Punkte-Programm, wie der Familie Geld zu entlocken sei. Während er Margerie dem Vater unter allen Umständen verschwieg, stellte er sie dem väterlichen Freund vor als *genauso ein Mädchen, wie du es mir immer gewünscht hast*[192]. Aiken durchschaute sofort, daß ihn Lowry zur Marionette machen wollte und sagte ihm auf den Kopf zu, daß der Alkohol das Ehrgefühl zerstöre. Prekär wurde die finanzielle Lage, als England mit Beginn des Zweiten Weltkriegs die Ausfuhr aller Gelder untersagte und Lowry mit dem Verkauf seiner Texte bis auf wenige Artikel in der «Vancouver Daily Province» erfolglos blieb. Abgelehnt wurde ebenfalls eine halbherzige Bewerbung um Aufnahme in die Armee, mit der Lowry wohl nur seinem Vater imponieren wollte.

Im Frühjahr 1940 konnte er allerdings Margeries Mutter, die sich um ihre Tochter sorgte, mitteilen: *Margerie und ich beenden soeben einen langen Roman von mir über Mexiko.*[193] Damit meinte Lowry die inzwischen dritte Fassung von *Unter dem Vulkan*, für die Margerie nicht nur die Schreibarbeiten übernommen, sondern ganze Abschnitte verfaßt hatte, vor allem die Beschreibung von Naturphänomenen, denen ihr besonderes Interesse galt. Unter ihrer sachkundigen Anleitung lernte Lowry, die Natur wie eine Sprache zu verstehen.

Da 1940 eine Ferienreise nicht in Frage kam, mietete das Paar für die Sommermonate eine einfache Holzhütte an der Küste von Burrard Inlet, nur wenige Meilen von Vancouver entfernt. Das Gelände um das Dorf Dollarton gehörte der Vancouver Harbour Board, die dort einstweilen den Bau von Holzhäusern gestattet hatte, welche im Sommer von Feriengästen bewohnt wurden und im Winter Fischern als Zuhause dienten, wenn sie aus ihren Fanggründen vor Alaska zurückkehrten. Das einfache Leben, zunächst nur wirtschaftlich opportun, wurde für Lowry zunehmend *zu einer geistigen Notwendigkeit*[194], so daß er Margerie *Anfang September, am Labor Day*[195] dazu überredete, dauerhaft an dem Ort zu bleiben, den er seitdem unter dem symbolträchtigen Namen *Eridanus* immer wieder beschrieb. *Ihr Haus war wie die venetianischen Paläste auf Pfählen erbaut und stand auf staatseigenem Boden am Ufer einer Bucht... sie hatten zwei Zimmer, Petroleumlampen und einen Kochherd wie zu Goldrauschzeiten; das Wasser mußte man von draußen holen, und sie hatten ein*

Vancouver

sonnengelb gestrichenes kleines Boot mit einem roten Rand um das Doll-
bord und roten Rudern. Morgens spielten die Sonnenreflexe vom Wasser
auf den vom Alter versilberten Zedernwänden auf und ab; Möwen kamen
auf die Veranda, um sich ihr Futter zu holen, und fraßen ihnen die Brotkru-

Die (zweite) Hütte der Lowrys in Dollarton

men aus der Hand... hinter der Hütte... war ein vierzig Morgen großer Wald für ihre Wanderungen; manchmal kamen nachts neugierige Waschbären bis ins Haus, und im Frühjahr sahen sie durch ihre Flügelfenster das Wild übers Wasser schwimmen, über dem später in der heißen Sommerluft unablässig der launische Flaum des Weidenröschensamens getrieben wurde.[196]

Kein Zweifel, hier beschreibt ein Schriftsteller die Aussicht auf das wiedergefundene Paradies: inmitten einer unberührten Landschaft, *stahlblau... das Meer, in der Ferne Berge aus grobem blauem Serge mit beschneiten Gipfeln*[197], leben die Menschen naturnah und in gegenseitiger Zuneigung und Achtung, wähnt sich Lowry *aus der Unterwelt emporgestiegen*[198]. Und doch wußte er, daß es nirgendwo einen sicheren Ort der Zuflucht gibt. So ist auch Dollarton lediglich *ein ohnmächtiges, aber standhaftes Symbol... für etwas, was der Mensch verloren*[199] hat. Am jenseitigen Ufer des Indian Arm erhellen die Fackel einer SHELL-Raffinerie die Nacht. Eine riesige Neonreklame, deren erster Buchstabe ausgefallen ist, signalisiert unübersehbar: HELL/Hölle. Gegenüber dem Schrecken, alt und scheinbar ewig, existiert das Paradies nur für Augenblicke und stets im Bewußtsein seiner Vergänglichkeit.

Zwiespältig ist denn auch der Name, den Lowry ihm gibt: Eridanus. *Ein Sternbild heißt so, das südlich vom Orion. Sieht aus wie ein Fluß; in der Antike hielt man es für den Unterweltfluß Styx. Mehr weiß ich darüber nicht, außer daß er auch der Fluß der Jugend genannt wurde... Somit hieß er also sowohl der Fluß des Todes als auch Fluß der Jugend.*[200] In dem Roman *Oktoberfähre nach Gabriola* wird Eridanus zur Apotheose des Lebens, der Liebe und des Einklangs mit dem Kosmos, am Ende des Romans hingegen als illusionäres Wunschdenken durchschaut, das doch allein die schrecklichen Selbstmordgedanken vertreibt. Die Helden in Lowrys Spätwerken akzeptieren schließlich die Einsicht, daß Glück in einem Leben, das der Kreisbewegung von Werden und Vergehen folgt, nicht beständig sein kann.

Vergleichbar dem von Henry David Thoreau in «Walden» beschriebenen Experiment mündet auch Lowrys Rückzug in die Squatterhütte in eine Kritik der Zivilisation, die sich anschickt, *Tod zu säen und so zu tun, als wäre das Fortschritt*[201]. Obwohl all die enthusiastischen Schilderungen vom Leben am Strand den Abstand von der gesellschaftlichen Norm bekunden, strebte Lowry, dem der kämpferische Idealismus der Amerikaner eher fremd war, nicht nach einer radikal alternativen Lebensform. In seinen Schriften bleibt auch der Naturzustand eher symbolisch, wie die Natur selbst, deren Schönheit doppelgesichtig und oft der Anfang von Schrecklichem ist. Wenngleich Lowry *inmitten der allgemeinen Uniformisierung das Individuelle...betonen*[202] wollte, so lebte er doch nicht im hintersten Winkel Kanadas, unter *völligem Verzicht auf die Welt*[203], sondern in nächster Nähe der Großstadt, die leicht mit dem Bus zu erreichen war. *Zurück zur Natur, aber nicht ganz. Rousseau mit einem Transistorradio, Thoreau mit einem kleinen Austin*[204], spottet er einmal und gesteht: *...ohne einen gelegentlichen Sprung in die Zivilisation hätten sie das, was sie hatten, nicht so sehr genossen.*[205] Später beklagte er sich zuweilen, *praktisch keine intellektuellen Freunde*[206] in der Umgebung zu haben, womit er seinen Bewunderern Harvey Burt, Downie Kirk und Earle Birney gewiß Unrecht tut. Auch die benachbarten Fischer schätzte er als bereitwillige Zuhörer und, wie etwa *Kristbjorg's Story* beweist, als Zulieferer von Geschichten.

Den Sommer des Jahres 1941 verbrachte das Paar, welches sich inzwischen eine eigene Hütte gekauft und am 2. Dezember 1940 geheiratet hatte, damit, unter Anleitung hilfreicher Nachbarn einen Pier zu bauen, von dem aus man bei Flut ins Wasser springen konnte. Das zerbrechlich wirkende Bauwerk wird, da es gegen alle Erwartungen den Elementen widersteht, zum Sinnbild von Lowrys Willen zum Leben. Obschon er sich zuweilen beschwerte: *...in Dollarton bringt man die Wintermonate haupt-*

[Maisong]

Wind Blowing through the house shack

One two three four five , six o ne , seven
And one is dawn , better late than never
Door bangs ; wood snaps ; be awake forever
All corpse flowers that shone be in heaven
Full of wool and honey , wake . . .

The bacon smells go singing down the gale
Wind blows ragged coffee smoke ——
One two three four five six seven eight nine ten
Set out into the day's sting and roar
To seek that Caelkian violet where it dwells
Its rich royal deep sea blue open bells !

Handschrift eines Gedichts

sächlich damit zu . . . *Holz zu hacken*[207], wirkte die harte körperliche Arbeit, die die Wildnis verlangte, wie ein Damm gegen die Zivilisationsdroge Alkohol. Gleichzeitig lenkte sie ein wenig ab von der niederschmetternden Tatsache, daß der *Vulkan* bisher von dreizehn Verlagen zurückgewiesen worden war, ein Buch, in dem der Autor gerade angekündigt hatte, daß es *ihn weltberühmt machen würde*[208]. Und obgleich auch *In Ballast* bei einem Literaturwettbewerb durchfiel, begann Lowry im Februar 1941 mit der neuerlichen Umarbeitung von *Unter dem Vulkan*, in die nun die Kanada-Erlebnisse mit einflossen.

So hatte der Roman bereits eine recht komplexe Struktur, als sein Schöpfer im Frühjahr 1942 durch die Begegnung mit Charles Stansfeld-Jones einen entscheidenden Impuls erhielt, der nur mit dem Einfluß von

Aiken und Grieg auf Lowrys Frühwerk zu vergleichen ist. Jones verstand sich als okkultistischer Lehrmeister in der Nachfolge des «sektiererischen Aleister Crowley» (Gershom Scholem). Unter dem Namen Frater Achad hatte er Kommentare zur jüdischen Geheimlehre Kabbala veröffentlicht. Deren Zahlen-, Farben- und Buchstabensymbolik regten Lowrys Phantasie ebenso an wie die kabbalistische Lehre von einem mystischen Organismus, als dessen Bild der Baum des Lebens angesehen wird. Lowry wollte es nicht als Zufall ansehen, daß Jones, der an einer statistischen Erhebung mitwirkte, die Hütte eben zu dem Zeitpunkt betrat, als die Arbeit am Roman ihn mit der Frage konfrontierte, welche Prinzipien dem Chaos der Erscheinungen zugrunde liegen und wie sie zu beschreiben seien. Dazu vertrat Jones die Auffassung, daß sich die Bewegungsgesetze des sich ständig ausdehnenden Universums in der Seele des Menschen spiegelten. Jones machte Lowry bereitwillig seine umfangreiche okkultistische Bibliothek zugänglich, die dieser sogleich in die Regale seines Konsuls versetzte. Der Schriftsteller erkannte, daß die Methoden der Kabbalisten, sich den Rätseln des Kosmos in Analogien zu nähern, seinen eher verschwommenen Vorstellungen von Schicksal und Bestimmung eine künstlerisch gültige Struktur verleihen konnte.

Dabei bildet die Kabbala nur die «Speerspitze» (Perle Epstein) jener esoterischen Bewegung, der Lowry unter anderen in den Schriften von Peter Demianovitsch Ouspensky begegnete und die nichts anderes ist als eine Reaktion auf das positivistische Wirklichkeitsverständnis, welches eine unheile Welt ohne Hoffnung auf Erlösung sich selbst überläßt. Die neuzeitliche Erfahrung von Spaltung und Vereinzelung deutet der Mystiker als vorläufigen Sieg des Bösen, der zur Trennung von Gott und zur Abwesenheit von Liebe führte. In einer Bewegung seiner Seele über die Abgründe der Vielheit hinweg versucht er der ursprünglichen Ganzheit wieder nahe zu kommen. Verblüffende Parallelen zwischen den Symbolen der Alchimie und den Bildern, die das Unterbewußte hervorbringt, hatte in den dreißiger Jahren die Forschung Carl Gustav Jungs aufgedeckt. Die auffallenden Zusammenhänge interpretierte der Schweizer als Manifestationen des Archetypischen, ein Phänomen, das auch Lowry erregte. Es weckte *in ihm eine dunkle Gewißheit von der Ungeheuerlichkeit und Bedrohlichkeit aller Dinge, wie man sie manchmal im verkaterten Zustand hat. Und da er sich außerstande sah, dergleichen im Aktenschrank eines zivilisierten Denkens einzuordnen, war es, als wäre er notgedrungen in die archaische Denkweise ferner Vorfahren zurückverfallen.*[209]

Auch das erklärte Ziel der Jungschen Psychotherapie, das «Einswerden mit sich selbst und zugleich mit der Menschheit», indem man *die furchtbare Kluft, das ewige Grauen der Gegensätze*[210] als eigentlich lebensspendende Energie annimmt, somit die Polarität auf höherer Ebene aufhebt und schließlich *jener Identität von Subjekt und Objekt* nahekommt, die *das Ziel gewisser mystischer Lehren bildet*[211], all dies mochte

Lowry als eine Möglichkeit zur Überwindung persönlicher Probleme erscheinen, so wie er in manchen Stunden das *Bedürfnis* verspürte, *wiedergeboren zu werden*[212], verlockende Versprechungen okkultistischer Lehren für den, der ein Leben lang mit sich selbst unversöhnt blieb und dem auf Erden auch keine Psychotechnik helfen konnte.

Die Vision einer Aufhebung der Entfremdung, von Jung blumig das «Ja zur Erde», von der Kabbala das «in Eins gesetzte Universum» ge-

Der kabbalistische Baum des Lebens

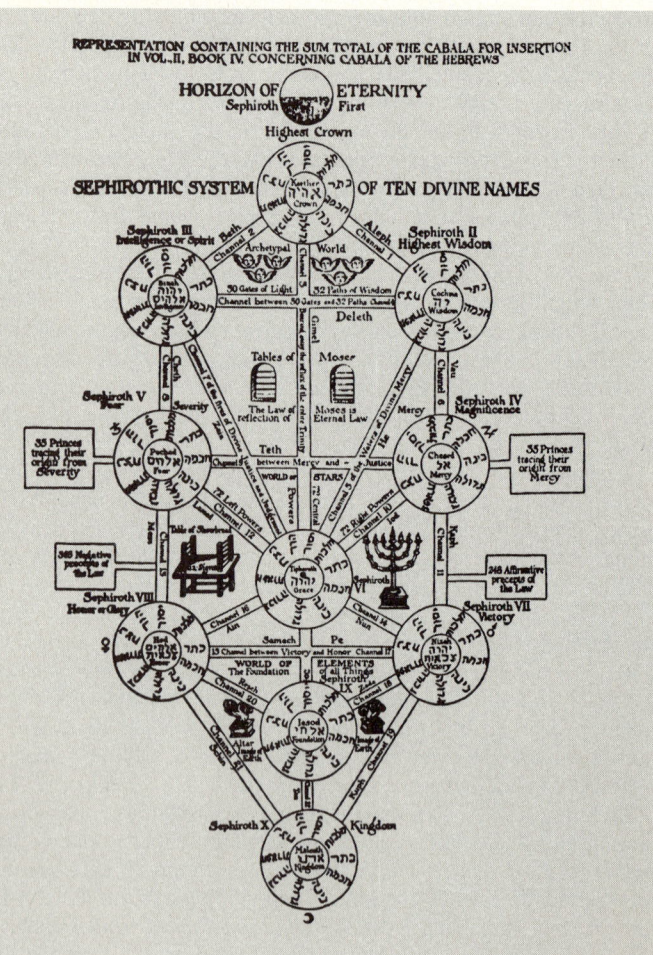

Carl Gustav Jung

nannt, mußte Lowry vor allem künstlerisch herausfordern. Mit Sicherheit zog ihn die bei allen Mystikern zu beobachtende überaus hohe Bewertung der Sprache an, welche im Judentum gar eine sakrale Bedeutung gewinnt. Die Auffassung, daß Sprache nicht nur ein reichlich unzulängliches Mittel der menschlichen Kommunikation ist, sondern Ausdruck eines geistigen Zusammenhangs der Welt, verbindet Lowry mit den Mystikern Jakob Böhme und Emanuel Swedenborg, mit den Romantikern, den Symbolisten und den modernen Sprachphilosophen, wie etwa Ludwig Wittgenstein, der sich zur selben Zeit wie Lowry in Cambridge aufhielt und der gleichfalls die Sprache als weltschöpfend verstand.

Wiederholt trat Lowry dem Mißverständnis entgegen, wonach man sein Werk als esoterische Lehre auffassen könne. *Zur Kabbala und der ganzen Sache des Okkulten*[213] stellte er fest: *Das hat natürlich überhaupt nichts zu sagen, wenn das Ganze kein ordentliches Kunstwerk ist; aber meine ganze Arbeit hat darin bestanden, es zu einem solchen zu machen.*[214] So entpuppt sich die mystische Thematik im Werk Lowrys letztlich als poetische Alchimie, als ästhetische Arabeske. *Die Kabbala*, erklärt der Dichter mit Nachdruck, *kommt aus poetischen Gründen zur Anwendung.*[215] *Sie stellt grob gesagt ein Gedankengebäude dar, das eine magische*

71

Welt in der diesseitigen erschafft, die, soweit ich weiß, keinen Anspruch darauf erhebt, etwas anderes als eine Illusion zu sein.[216] Im Gegensatz zu den Propheten des Okkultismus, die zwar die Bewegung des Denkens propagieren, zugleich aber eine verpflichtende Richtung angeben, verkündet Lowry keine letzten Wahrheiten. Ihm fehlt jeder sektiererische Ernst und die dafür typische Heilsgewißheit. Während der Kabbalist noch sicher ist, daß durch die Hölle ein Weg führt, weiß Lowry:

Es gibt keinen Weg, es gibt überhaupt keinen Weg,
außer vielleicht dort, wo abstrakte Dinge vorübergezogen sind
und Gebote aufsteigen und Metaphysiken zerfallen
und aufgegebene Prinzipien weiter vor sich hin stolpern.
Keinen Pfad, aber etwas wie einen Fluß bei Hochwasser,
in dem ertrinkende Formen, hinabgerissen, heftige Gebärden machen.[217]

Welche Folgen die mystische Hingabe, das Glück im Selbstverlust haben konnte, führte ihm der Alkohol, dem allein er anhing, immer wieder schmerzlich vor Augen. Weil er es sich nicht in Schuld- und Unglückseligkeit bequem machen wollte, vertraute er Hamlets Worten: «Es gibt mehr Dinge im Himmel und auf Erden / als eure Schulweisheit sich träumt.» So betrat er die Regionen des Denkens dort, wo sie am wildesten sind. Aber auch hier gelangte er schließlich zu der Einsicht, die bereits die Quintessenz antiker Esoterik ausmachte und die wiederum Aiken seinem Roman «Blue Voyage» gleichsam als Leitspruch der Moderne voranstellte: «Erkenne dich selbst.» So ist denn Lowry ein moderner Mystiker mit einer aufgeklärten Fragestellung, der nicht um Gott, sondern um mehr Menschlichkeit ringt.

Der Künstler in der Rolle des Schöpfers ist vielleicht der einzig wirklich religiöse Gedanke Lowrys, für den Religion eine unter vielen wichtigen Erfahrungen war. Sein philosophisches Interesse richtete sich, wie schon sein literarisches, in auffallender Weise auf Autoren des ausgehenden 19. Jahrhunderts. Vor allem der lebensphilosophisch inspirierte Standpunkt, wie ihn William James (1842–1910) gegenüber jedem Determinismus formulierte, mußte Lowry, der ja selber verzweifelt gegen übermächtige Zwänge kämpfte, als Verheißung personaler Freiheit erscheinen. Der von James vertretene utilitaristische Grundsatz, wonach der Mensch an den Folgen seiner Handlungen zu messen sei, gilt nicht nur für den Protagonisten in Lowrys Hauptwerk, sondern bewegte gleichzeitig auch den Autor zu immer neuen Anfängen in der Lebensführung. Seine umfangreiche philosophische Lektüre, die die Weisheitslehren des Ostens, etwa das Orakelbuch «I Ging» oder *das Tao der Chinesen*[218], ebenso einschloß wie die Werke Arthur Schopenhauers, diente kaum der systematischen Vertiefung des Wissens; was er vielmehr in den Büchern suchte, war Bestätigung.

Das Hauptwerk der Kabbala, den Zohar, hat Lowry nie gelesen. So bleibt der Wunsch des Konsuls, sein Buch über die Geheimwissenschaften zu vollenden, unerfüllt. Die spiritistischen Sitzungen mit Jones, der 1950, wie sein Schüler glossiert, *mit der Letzten Ölung versehen*[219] starb, brach Lowry schon nach wenigen Monaten ab, da er eine zu große Beeinflussung fürchtete und außerdem schnell erkannt hatte: *Das einzige Haus, in dem es spukte, war der menschliche Geist.*[220] Den überall in seinen Werken auftauchenden Alltagsaberglauben, den er mit dem gewiß kompromißlosen und unverdächtigen Aufklärer Georg Christoph Lichtenberg oder ebenso mit James Joyce teilt, kommentiert Lowry augenzwinkernd: *... fünfzig weitere seltsame, sinnlose, traurige, erschreckende und merkwürdig verknüpfte Dinge... lassen mich bisweilen glauben... ich sei womöglich der von Gott oder dem Teufel ausersehene Kerl, der das Gesetz der Serie erläutern soll.* Und als suche er nach einer weiteren Bestätigung für das unerwartete Interesse des Transzendentalen an einem elenden Trinkerleben, fügte er hinzu: *Für alle Fälle habe ich Kants «Kritik der reinen Vernunft» gelesen, um zu sehen, ob die was helfen würde*[221], als ob dieses Buch, das so geschwind nicht zu lesen ist, den Beweis für oder gegen Poltergeister antrete.

An den insgesamt sechs Versionen von *Unter dem Vulkan*[222] arbeitete Lowry mit der Disziplin eines Baumeisters, der stets neue und komplexere Baupläne für eine *schrecklich-schöne Kathedrale*[223] entwirft. Lange Stunden an seinem Schreibpult stehend, was unausweichlich zu schmerzhaften Krampfadern führte, formulierte er an Hand seiner Notizbücher einen Text. Diesen tippte Margerie ab, die im Jahre 1946 selber bei Scribner's zwei Kriminalromane[224] veröffentlichte, und versah ihn mit Randbemerkungen, die dann gemeinsam besprochen und von ihrem Mann in eine neue Version eingebracht wurden. Dieser Prozeß wiederholte sich, bis beide mit dem Ergebnis zufrieden waren. Nach und nach verdichtete sich der Roman zu einem feingewobenen Netz aus *zahlreichen Ebenen*[225], unzähligen Themen, Anspielungen, Zitaten und Zeichen.

Der Arbeitsprozeß wurde jedoch aufs schwerste gefährdet durch eine literarische Neuerscheinung des Jahres 1944. *Nachdem ich das Buch gelesen hatte, wurde es für mich äußerst schwer, an meinem weiterzuarbeiten und daran zu glauben*[226], schrieb Lowry später über Charles Jacksons «The Lost Weekend», in dem es um eine ebensolche Trinkergestalt wie in dem kurz vor der Vollendung stehenden *Vulkan* geht, der somit als bloße Nachahmung gelten mußte. Zudem dürfte Lowry den Roman, der bereits 1945 erfolgreich von Billy Wilder verfilmt wurde, durchaus als Spiegel seiner eigenen Existenz am Abgrund gelesen haben. *Noch konnte ich mir dazu gratulieren*, beurteilte er die fatale und für ihn nicht ganz unbekannte Situation, *daß ich immerhin noch «In Ballast» im Ärmel hatte.*[227] Doch dieser Roman verbrannte zusammen mit anderen Manuskripten und Notizbüchern, als am 7. Juni 1944 aus nicht rekonstruierbaren Grün-

1944

den die Hütte in Flammen aufging, aus denen Margerie allein den *Vulkan* zu retten vermochte.

In den Monaten nach dem Brand fanden die Lowrys eine vorübergehende Bleibe bei Gerald Noxon, dem alten Freund aus Cambridger Tagen, der nun am Ontario-See wohnte und für den kanadischen Rundfunk arbeitete. Indem dieser den völlig niedergeschlagenen Lowry davon überzeugte, daß sein Roman dort beginne, wo Jacksons «Verlorenes Wochenende» aufhöre, trug er entscheidend zur Fertigstellung von Lowrys Meisterwerk bei. Die wohlwollende gegenseitige Kritik ermunterte Lowry sogar zu neuen Projekten. Zusammen mit Margerie erarbeitete er *eine ernste Hörspielfassung von «Moby Dick»... und zwar von einer das Radio völlig revolutionierenden Art*[228]. Doch das Ergebnis überzeugte die Rundfunkredakteure ebensowenig wie den Autor die kurz darauf von Noxon verfaßte Radioversion von *Unter dem Vulkan*.

In Niagara-on-the-Lake erreichte Lowry die Nachricht, daß Grieg *am 6. Dezember 1943 bei den großen Luftangriffen auf Berlin in einem Bomber umgekommen*[229] war. Den großen Weltbrand verknüpfte Lowry, der sich von den Elementen verfolgt wähnte, nicht nur in dem Gedicht *Ein Klagelied – Juni 1944* mit seinem persönlichen Schicksal:

> *Unser Haus ist tot*
> *Es brannte nieder bis zum Grund...*
> *Wir werden es wieder neu bauen*
> *Aber unser Heim ist dahin.*
> *Und die Welt brennt weiter.*[230]

Im Widerspruch zur Kunde, die Lowrys Unfähigkeit tradiert, *auf eigenen Füßen zu gehen*[231], *für sich selbst etwas zu schaffen*[232], stellt das Jahr 1945 die Tatkraft des Schriftstellers gleich dreifach unter Beweis. Zu-

Nordahl Grieg (2. v. l.), mit dem deutschen Schriftsteller
Ludwig Renn im Spanischen Bürgerkrieg

nächst errichteten die Obdachlosen in Dollarton *auf den alten abgebrann-ten Fundamenten*[233] eine neue Hütte. Sodann schickte Lowry je eine Ko-pie von *Unter dem Vulkan* an seinen Agenten Matson und an seinen frühe-ren Londoner Verleger Jonathan Cape. Und schließlich fühlte er sich, nachdem er in der überschaubar geordneten Landschaft unterhalb des Mount Seymour sein Mexiko-Erlebnis verarbeitet und somit *die schein-bare Katastrophe* seines *Lebens in Triumph*[234] verwandelt hatte, einer zweiten Begegnung mit dem Land gewachsen, das für ihn die Hölle gewe-sen war.

So beschloß das Paar, als sich im Herbst eine größere Summe aus der Erbschaft des Vaters, dessen Tod Lowry wortlos zur Kenntnis genommen hatte, ankündigte, den Winter im Land der Vulkane zu verbringen. Den Ablauf der Reise hielt Lowry in seinen Notizbüchern fest, die später die Grundlage bildeten für den Roman *Dunkel wie die Gruft*. Doch bereits der Aufenthalt im «Canada Hotel» von Mexico City, wo die Lowrys nach ihrer Flugreise untergekommen waren und wo sich Lowry vor acht Jahren von seiner ersten Frau für immer getrennt hatte, schien ihn zu überfor-dern, da er schnell erkannte, daß er sich nicht nur mit den Schimären der Vergangenheit, sondern auch mit seinem gegenwärtigen, noch immer *un-ersättlichen Albatros des Ich*[235] auseinanderzusetzen hatte. Zunächst war die Ankunft, schreibt Lowry in *Dunkel wie die Gruft*, ein *Erfolg gewesen. Einerseits? Andererseits aber war ihm im Verlauf der Nacht, ihrer ersten Nacht in Mexiko, die reale, positive, psychische, wenn auch dunkle Gefahr allmählich bewußt geworden, in der er sich befand und in die er sich freiwil-lig, ja sogar begeistert begeben hatte, in die er sie freiwillig und begeistert gebracht hatte; auch Primrose* [d. i. Margerie] *war sich dessen in gewisser Weise bewußt. Immerhin kannte sie «Das Tal des Todesschatten»* [d. i. Un-ter dem Vulkan] *in- und auswendig: für sie war das Ganze, in ihrer Sorge um ihn, ein Bannen von Geistern. Aber für ihn war es etwas ganz anderes. Freilich war der mächtigste Geist, mit dem er es aufzunehmen hatte, er selbst, und er hatte ganz beträchtliche Zweifel, ob er überhaupt gebannt werden wollte.*[236]

Obgleich Lowry während seines neuerlichen Aufenthalts in Mexiko den Gipfel seines Weges als Schriftsteller betrat, begann hier auch unauf-haltsam sein Abstieg in den Abgrund der Sucht. Der Kampf mit dem Alkohol, dessen Wogen die intensive Arbeit am *Vulkan* vorübergehend geglättet hatte, schob sich nun um so heftiger in den Vordergrund und überschattete seine Ehe, die Strindbergische Züge anzunehmen begann. Er merkte, daß er um seine Frau kämpfen mußte. Doch vorerst tat er dies unter leidenschaftlicher Beschwörung seiner Liebe nur am Schreibtisch. In Cuernavaca wollte es der Zufall, daß in der Calle de Humboldt gerade in dem Haus eine Wohnung zur Vermietung angeboten wurde, welches Lowry im *Vulkan* als Laruelles Haus beschrieben, aber *vorher nur von außen gesehen hatte*[237]. Dies nährte allerdings auch Lowrys Befürch-

Die Calle de Humboldt in Cuernavaca

tung, von seinem Roman, der ihn hier überall umgab, eingeholt zu werden.

Am Neujahrstag 1946 traf ein Brief von Jonathan Cape ein, der die Veröffentlichung von *Unter dem Vulkan* unter der Bedingung in Aussicht stellte, daß Lowry sich zu einer Kürzung auf die Haupthandlung entschließe. «Wir spüren hier durchaus, daß das Buch integer und von Gewicht ist, aber es wäre schade, wenn es in seiner jetzigen Gestalt herauskäme»[238], schrieb der Verleger, der im Einklang mit seinem Lektor eine Überforderung des Lesers befürchtete, als ob dies für einen ernsthaften Autor jemals ein Kriterium sein könnte. Daß Lowry vor dieser *grundlosen Beleidigung*[239], wie er das Verlagsschreiben nannte, nicht resignierte und den Roman zu den übrigen unfertigen Manuskripten legte, sondern sich nach einem *jener Barranca-ähnlichen Stimmungsstürze, wie sie Schriftstellern eigen sind*[240], entschloß, für den Roman, den er bei aller Selbstkritik für *vollkommen gelungen*[241] ansah, *falls nötig zu kämpfen*[242], bescherte der Nachwelt ein «in der Geschichte der Literatur absolut einzigartiges Dokument» (Douglas Day). In einer circa 20 000 Wörter umfassenden Erwiderung, die allenfalls noch mit Thomas Manns «Die Entstehung des Doktor Faustus» zu vergleichen ist, verteidigt ein Autor sein *Buch, das nicht den Gesetzen anderer Bücher folgt*[243], gegen eine konventionelle und vor allem marktorientierte Poetik, mit deren Ansprüchen er sich fortan immer wieder auseinandersetzen mußte. Detailliert erläuterte Lowry, für den Dunkelheit à la «Finnegans Wake» nie ein Ziel war, *Form und Absicht*[244] seines Romans. Im Gegensatz zu dem bewunderten Kollegen Julien Green, der über einen seiner Romane geäußert haben soll, ihm sei die Intention «auch während des Schreibens dunkel geblieben»[245], war sich Lowry aller Einzelheiten des schöpferischen Vorgangs bewußt.

Es ist dem Brief an Cape nicht anzumerken, daß der Schreiber während der mehrtägigen Arbeit die Nähe des Todes suchte und sich die Pulsadern öffnete, wobei Margerie das Schlimmste verhindern konnte. Am 7. April trafen gleichzeitig vom New Yorker Verlagshaus Reynal and Hitchcock sowie aus London Mitteilungen ein, daß der *Vulkan* ohne Abstriche zur Veröffentlichung anstehe. Trotzdem endete auch diesmal die Reise in einem Fiasko. Bei einem Ausflug nach Acapulco beschuldigte die dortige Einwanderungsbehörde den Schriftsteller, bei seinem ersten Aufenthalt eine Geldbuße von 10 Dollar nicht bezahlt zu haben. Da Lowry nicht bereit war, die Angelegenheit, wie üblich, mit einem kleinen Geldgeschenk zu bereinigen, sah sich das Paar Schikanen unterschiedlicher Behörden ausgesetzt, die bis zu einem entwürdigenden Gefängnisaufenthalt gingen. Anfang Mai wurden sie schließlich wie Kriminelle des Landes verwiesen. Margerie notierte sich in ihr Tagebuch: «Wie kann ich in einem derartigen Schmutz, einer derartigen Verkommenheit leben… Zur Stunde von Malcolms Triumph sind wir verdammt.»[246] Dem waren jedoch auch diese alptraumhaften Erlebnisse willkommen, um sie in dem bis heute unveröffentlichten Roman *La Mordida* (d. i. *Der Biß*, wie man in Mexiko Bestechungsgelder nennt) festzuhalten, und sei es nur als späte Rache, wie er sie in der Erzählung *Durch den Panama* ankündigt: *Das werde ich ihnen heimzahlen, und wenn es meine letzte Tat sein sollte, jedenfalls auf dem Papier.*[247]

Auf Haiti mit den Brüdern Marcelin, 1947

Auch in Dollarton drohte inzwischen die Vertreibung, da die Hafen-
behörde auf dem Gelände ein Autocamp für gehobene Ansprüche einrichten wollte, ein Vorhaben, das erst in den sechziger Jahren verwirklicht wurde. Trotz ihrer bescheidenen Finanzkraft glaubten die Lowrys,
eine Insel an der Schärenküste vor Vancouver erwerben zu können. Vor
Ort mußten sie einsehen, daß ihr Traum nicht zu erfüllen war. Als Ergebnis aber brachte Lowry die Idee zu einer Kurzgeschichte mit, die er
später zu dem Roman *Oktoberfähre nach Gabriola* umgestalten sollte.
Zum Erscheinen von *Unter dem Vulkan* erhielten die Lowrys eine Einla-
dung nach New York. Bereits Anfang Dezember 1946 starteten sie, um
auf dem Umweg über die Karibik dem bevorstehenden Winter zu entkommen. In Port-au-Prince, wo sie im Grandhotel «Olaffsen» abstie-
gen, fand Lowry über den jungen einheimischen Schriftsteller Philippe
Thoby-Marcelin, den er von nun an mit Geld und lobenden Worten un-
terstützte, Zugang zum Voodoo-Kult. Daran faszinierte ihn besonders,
daß die Priester eine Religion geschaffen hatten, die dazu diente, *die fin-
steren Mächte der Natur* zu bändigen, was er als *ein zivilisatorisches, geradezu pragmatisches Vorgehen*[248] bewertete. Den Dämon, der ihn
selbst verfolgte, vermochte er hingegen nicht zu bannen. Schon bei der
Einreise nach Haiti hatte er eine Zurückweisung befürchtet, da er keine

Vßtribung Adc Eue.

*Aus dem Totentanz
von Holbein:
die Vertreibung
aus dem Paradies*

Unterschrift leisten konnte. Sein Zustand verschlechterte sich so, daß auf der Insel ein Krankenhausaufenthalt notwendig wurde, den er, wieder bei Besinnung, in bewährter Weise als bewußt eingegangenes Experiment darzustellen beliebte.

Gegenüber seinen Briefpartnern hat Lowry den Charakter seiner Krankheit stets verschleiert, so daß sich auch sein Lektor Albert Erskine bei ihrer ersten Begegnung in New York zuerst an den Gedanken gewöhnen mußte, es nicht mit einem selbstbewußten Erfolgsautor, sondern mit einem extrem scheuen und unsicheren Suchtkranken zu tun zu haben, der die in seinem Roman beschriebenen Mächte noch lange nicht besiegt hatte. Der Verlag hatte inzwischen eine umfangreiche Werbekampagne für den *Vulkan* gestartet und Vorabdrucke an angesehene Kritiker und Schriftsteller versandt, deren Reaktionen ausnahmslos enthusiastisch gestimmt waren. Die Äußerungen von Alfred Kazin («Ganz offensichtlich kann sich das Werk unter die originellsten, schöpferischsten Romane unserer Zeit einordnen») und Stephen Spender («Malcolm Lowrys *Vulkan* ist der interessanteste Roman, den ich seit Lawrence und Joyce gelesen habe»[249]) waren auf dem Schutzumschlag der Erstausgabe, die am 19. Februar 1947 in den Handel kam, abgedruckt.

Die «bestmögliche Einführung» (Spender) in den Roman leisten der erwähnte Brief an Cape und das darauf fußende Vorwort, das Lowry der französischen Übersetzung aus dem Jahre 1948 voranstellte. Darin führt er aus: *Dieser Roman... hat die Mächte zum Thema, die den Menschen belagern und in Schrecken vor sich selbst versetzen. Sein Thema ist auch der Sturz des Menschen, seine Gewissensqual, sein unaufhörlicher Kampf für das Licht unter dem Gewicht des Vergangenen, sein Verhängnis. Die Allegorie ist die des Garten Eden, jenes Gartens, der die Welt darstellt, aus der wir heute mehr Gefahr laufen, vertrieben zu werden, als zu der Zeit, da ich das Buch schrieb. Auf einer Ebene des Buches soll die Trunkenheit des Konsuls die allumfassende Trunkenheit der Welt symbolisieren, während des Krieges, während der Zeit, die ihm vorausging, zu allen Zeiten. Das Schicksal meines Helden kann im Verlauf der zwölf Kapitel immer in Beziehung gesehen werden zu dem Schicksal der Menschheit... Der Roman kann einfach als eine Geschichte gelesen werden, bei der man einiges überschlagen kann, wenn man will. Er kann aber auch als eine Geschichte gelesen werden, von der man mehr haben wird, wenn man nichts überschlägt. Er kann als eine Art Symphonie betrachtet werden, oder in anderer Hinsicht als eine Art Oper – oder sogar als Wildwest-Film. Ich wollte aus ihm eine Hot Music, ein Poem, ein Chanson, eine Tragödie, eine Komödie, eine Farce und noch mehr machen. Er ist oberflächlich, tiefgründig, unterhaltend, todlangweilig – je nach Geschmack. Er ist eine Prophetie, eine politische Warnung, ein Kryptogramm, ein irrer Film, ein Menetekel, eine Wandparole. Man kann ihn als eine Art Maschine ansehen: er funktioniert.*[250] Obwohl Lowry sein Werk als *praktisch unerschöpflich*[251] charakterisierte, provozierte seine Hervorhebung der verschiedenen Facetten dazu, die unzähligen Anspielungen, Einflüsse und Bedeutungen im einzelnen aufzudecken, die doch in einem labilen Gleichgewicht zueinander stehen und nur als Ganzes das Kunstwerk zur Wirkung bringen. Auf dessen ans Paradoxe grenzende Offenheit hat der Autor allerdings mit Nachdruck hingewiesen: *Wir können es als die Welt selbst betrachten... auf der wir den Garten Eden, den Turm von Babel und wahrhaftig alles andere ansiedeln können, was uns einfällt. Es ist paradiesisch: und es ist unzweifelhaft infernalisch...*

Der Schauplatz ist Mexiko[252], eine Landbrücke, Schnittpunkt dreier Kulturen und daher in besonderer Weise geeignet, Gegensätze zu versammeln. Der Roman beginnt, darin vielen Filmen des großen Illusionisten Alfred Hitchcock ähnlich, mit einem Zoom auf eine Stadt. Doch trotz exakter Zahlenangaben sind Landschaft und Stadt nicht beschrieben, sondern zusammengesetzt. Quauhnahuac, wie der aztekische Name der Stadt Cuernavaca lautet, ist eine Kulissenstadt von metaphysischer Dimension. Ihre Beschreibung oszilliert zwischen einem fanatischen Realismus im Detail und extremer Ferne zur Wirklichkeit auf der konnotativen Ebene. Einem Gemälde Giorgio de Chiricos vergleichbar, über dessen Schaffen sich in Lowrys Nachlaß ein Bildband fand, wirft eine tiefstehende Sonne lange Schatten auf menschenleere Straßen und Plätze, auf denen bizarre Denkmäler stehen: Der *Platz, regungslos und strahlend in der Siebenuhrmorgensonne, still und doch irgendwie erwartungsvoll gespannt, schon mit einem Auge blinzelnd; die Karussells und das Riesenrad in leichtem Traum, in Vorfreude auf die Fiesta später... Der Zócalo hatte sich nicht verändert, obwohl er etwas von einem schlummernden Harlekin an sich hatte. Der alte Musikpavillon stand verlassen da, das Reiterdenkmal des ungestümen Huerta ritt unter den tiefhängenden Bäumen und blickte mit wilden Augen übers Tal hinaus wie eh und je, und dahinter erhoben sich, als wäre nichts geschehen... für ewig* [die] *Vulkane.*[253] In dieser *Totenstille*[254] führen die Dinge ein der Zeit entrücktes Eigenleben. Zwischen ihnen erscheinen schemenhaft die Personen der Handlung, um nach zwölf Stunden wieder in die Schatten einzutauchen, die die Vulkane werfen.

Am *Anfang des Geschehens im November 1939*[255], ist die Hauptfigur, der britische Konsul Geoffrey Firmin, bereits ein Jahr tot. *Als wären die Toten für diesen einen Tag im Jahr zum Leben erwacht*[256], läßt der Filmregisseur Jacques Laruelle die letzten Stunden seines Jugendfreundes Firmin in der Erinnerung wieder aufleben, sinnt er am Festtag der Toten seinem Sturz nach. Wie eine Seele, die Kontakt mit den Lebenden sucht, war vor einem Jahr völlig unerwartet, doch vom Konsul lebhaft herbeigesehnt, Yvonne, seine geschiedene Frau, zu ihm zurückgekehrt, um noch am gleichen Abend mit ihm und durch ihn den Tod zu finden. Ist diese Rückkehr, rätselhaft wie das Erscheinen der Madeleine in Poes Erzählung vom «Fall des Hauses Usher», nur ein Wunschtraum des delirierenden Konsuls, so wie man auch das ganze Geschehen *als schattenhafte, filmische Fiktion in M. Laruelles Geist*[257] verstehen kann? Hebt nicht Lowry, der *in einem späteren Buch... den Konsul wiederauferstehen*[258] lassen wollte, selbst die Identität seiner Personen auf, wenn er betont, daß sie *Aspekte ein und desselben Menschen darstellen oder des menschlichen Geistes*[259]? «*Unter dem Vulkan* ist ein seltsam Janus-köpfiges Buch», urteilt Ronald Binns, «in dem sich die Logik von Traum und Geschichte, von Unbewußtem und Realem ständig vermischen.»[260] Einem platten Dualismus redet Lowrys Roman jedoch nicht das Wort. Da *Unter dem Vulkan* alles in Bewegung gerät, hat das Buch die *Form eines Rades, so daß man, wenn man ans Ende kommt und es aufmerksam gelesen hat, den Wunsch haben sollte, sich wieder dem Anfang zuzuwenden*[261], der konsequenter-

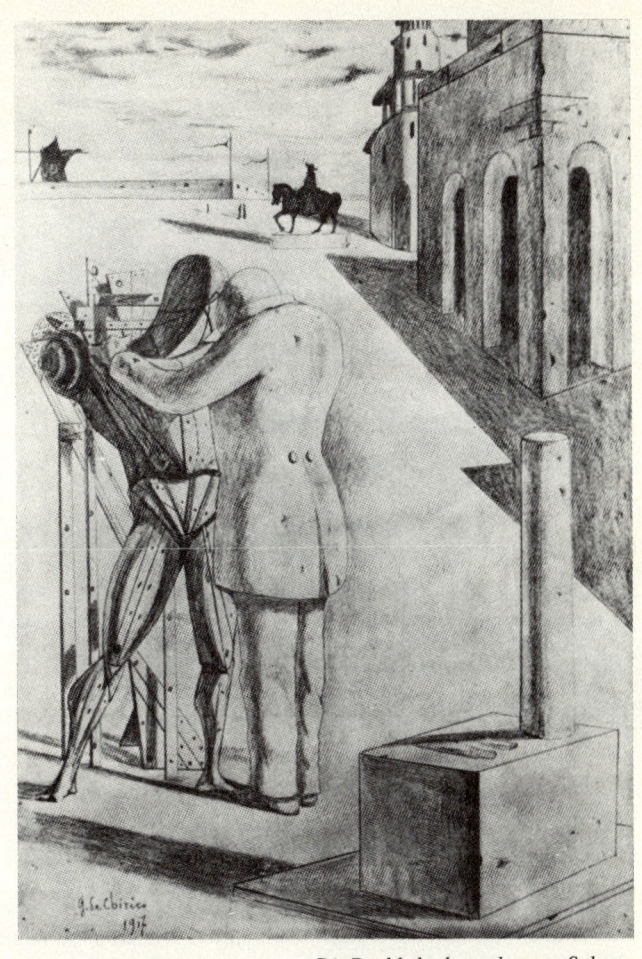

Die Rückkehr des verlorenen Sohnes.
Zeichnung von Giorgio de Chirico, 1917

weise mit einem Epilog einsetzt. Innerhalb dieses Rades, welches Lowry als Metapher Sergej Eisensteins Film-Fragment «Que viva Mexico!» entlehnt haben könnte, bewegen sich nicht nur die Personen *ewig in einer exzentrischen Kreisbahn*[262], auch jedes der zwölf Kapitel zeigt sich als *eine in sich geschlossene Einheit, und alle stehen mit- und untereinander in Beziehung*[263]. So entsteht ein narrativer Zirkel, *Räder in Rädern in Rädern*[264], Ausdruck jener Krise, die Form und Inhalt seit den Tagen der Romantik

Reiterdenkmal für Zapata (bei Lowry fälschlich: Huerta) in Cuernavaca

in einen Malstrom reißt, ein Vorgang, den Lowry je nach Stimmungslage als kosmischen Jux oder als *tragische Ironie*[265] kommentierte.

Unter diesen Vorzeichen verliert auch die Sprache weitgehend ihren Mitteilungscharakter. Sie dient nicht weiter der Kommunikation, sondern beherrscht sie. Neben die symbolische Vieldeutigkeit treten Sequenzen aus fremden Sprachen, Reklamesprüche, Stimmen, Halluzinationen, Parenthesen, Punkte in Klammern, graphische Zeichen, die den Text um visuelle und gar auditive Elemente erweitern. *Dies bezieht sich*, erklärt Lowry seinem ersten deutschen Übersetzer Clemens ten Holder, *undeutlich auf die Verwirrung der Sprachen – das Babel-Motiv.*[266] So ist wohl der *Vulkan* auch der einzige englische Roman, der mit drei Sätzen in spanischer Sprache endet. Einen *infernalischen Grund*[267] beansprucht Lowry für ein Gestaltungsmittel, welches an Arno Schmidts Theorie der «Verschreibkunst» denken läßt. Wörter erhalten je nach Zusammensetzung oder Verformung einen komisch-sexuellen Hintersinn. Die Speisekarte des «Salón Ofélia» ist dafür ein berühmtes Beispiel, dem sich noch keine Übersetzung gewachsen zeigte.[268] Die so entstandene Textstruktur erlaubt oft nur eine assoziative Verbindung, wenn sie sich nicht gar, das zeigt das folgende Beispiel, in Paradoxien auflöst: *Sie umarmten einander leidenschaftlich, oder wenigstens schien es so: irgendwo stürzte aus dem Himmel ein Schwan durchbohrt zur Erde.*[269] So sieht sich nicht nur der Konsul, der die Warntafel am Eingang des Parks falsch und doch treffend übersetzt, vor weitreichende Decodierungsprobleme gestellt. Auch der Leser, der vergeblich nach einem allmächtigen Erzähler Ausschau hält, vermag kein sicheres Urteil über die Vorgänge zu fällen, die sich vor seinen Augen abspielen. Unversehens fühlt er sich in die Rolle des Fotografen aus Michelangelo Antonionis Film «Blow Up» versetzt, der an dem zu zweifeln beginnt, was ihm die Bilder zeigen.

Fragen zum Verständnis des Romans beantwortete Lowry bereitwillig und ausführlich. Zugleich beharrte er jedoch auf dem Eigenleben des Werkes: *Es ist genausogut Ihr Buch*[270], beschied er einem Leser, womit er seine Überzeugung ausdrückte, daß sich der Text erst im Kopf des Rezipienten realisiere. Einen Übersetzer verblüffte er schließlich mit der Fest-

Aus Eisensteins Film «Que viva Mexico!»

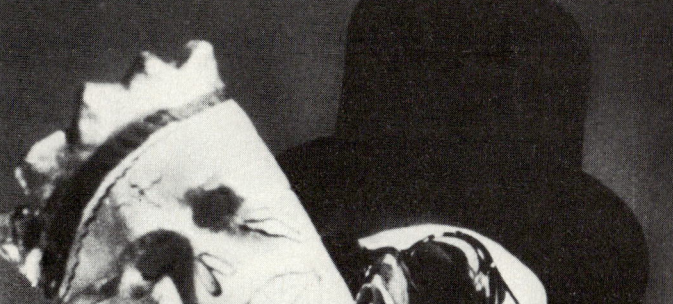

Albert Finney als Konsul in John Hustons Verfilmung von «Unter dem Vulkan»

stellung: *... die Übersetzung ist sehr wahrscheinlich oft besser als das Original.*[271]

Die Konzeption des Textes als eine *Art Maschine* sperrt sich gegen eine Inhaltsangabe, will man sich nicht mit der bloßen Story begnügen, wie John Huston in seiner *Vulkan*-Verfilmung aus dem Jahre 1984, die einmal mehr beweist, daß der Roman zwar filmische Mittel adaptiert, aber wohl nicht zu verfilmen ist. Nachdem im überlangen ersten Kapitel exposi-

86

tionsartig *Stimmung und Tonlage des Buches*[273] wie *mystische Akkorde und Dissonanzen angeschlagen*[274] worden sind, setzt die Handlung ein mit der Begegnung zwischen Yvonne und Firmin. Dieser erweist sich als unfähig, die Gunst der Stunde zu nutzen, sich vom Alkohol zu befreien und das Liebesangebot der Frau anzunehmen. Tatenlos und gedankenschwer stilisiert er sich zum Mystagogen des Trinkens, mit dessen Hilfe er eine höhere Bewußtseinsstufe zu erlangen hofft. In Wahrheit weiß er, daß er sich der Hölle verschrieben hat, da es, wie die Schrift an der Wand *No se puede vivir sin amar* verkündet, unmöglich ist zu leben, ohne zu lieben. In einer expressionistischen Geste nimmt er alles Leid der Welt auf sich, deren drohenden Untergang er mit seiner Entscheidung für den Alkohol gleichfalls symbolisiert. Am Ende entgleiten ihm die Gewalten, die er zu beherrschen glaubte. Bereits in der Erzählung *30. Juni 1934* tritt ein Mann namens Firmin auf. Vor dem blutigen Hintergrund des sogenannten Röhm-Putsches in Deutschland verkörpert dieser Vorgänger des Konsuls die Möglichkeit, Erkenntnisse, die der Menschheit nutzen sollten, zu ihrer Vernichtung einzusetzen. Im *Vulkan* zum Schwarz-Magier geworden, *der sämtliche Elemente der Welt (vom Universum ganz zu schweigen) gegen sich hat*[275], jagt Firmin als letzte, nun unbewußt böse Tat im Todeskampf ein Pferd davon, das in seinem apokalyptischen Lauf Yvonne, die ihrem Mann zur Hilfe eilen will, tötet.

Doch der *Vulkan* handelt nicht allein von der Schuld des Konsuls, deren Ursprung ebenso vage bleibt wie der seines Alkoholismus. Alle vier Hauptpersonen, die auch verschiedene Herkunftsländer vertreten und aus deren Sicht die Kapitel jeweils geschrieben sind, tragen das Kainszeichen einer Schuld auf der Stirn. Der *Vulkan* ist ein Buch der Täuschungen und der Selbsttäuschung. In jener *allzu späten Stunde*[276] will niemand die Zeichen erkennen, die überall präsent und von aufdringlicher Realität sind. Yvonnes Zukunftspläne an der Seite ihres Ex-Ehemanns, der in einer früheren Fassung ihr Vater ist, wirken reichlich naiv, Träume einer Schauspielerin, die große Auftritte liebt. Sie sind offenbar so wenig ernst gemeint, daß es ihr nichts ausmacht, den Tag ihrer Rückkehr größtenteils mit des Konsuls Halbbruder Hugh zu verbringen, der sie zu lieben glaubt. Für die Probleme des Konsuls bringt sie nur wenig Verständnis auf. Ganz in der Gegenwart lebend, möchte sie auch eine frühere Affäre mit Laruelles, dem sie gleichfalls wiederbegegnet, verdrängen. So verkörpert sie die sexuelle Potenz, die den Männern Hörner aufsetzt und zugleich Objekte ihrer Begierde ist, Eve-onne, *die ewige Frau*[277] in ihrer narzißtischen Ausprägung. Ihr Ende, *das Symbol eines bösen phallischen Todes*[278], beweist unter anderem, daß wer der Zeit entfliehen will, im Nirgendwo zu Hause ist.

Laruelle, den Hugh *einen ältlichen Ästheten* schimpft, *einen aus Überzeugung ausschweifenden Junggesellen, der Frauen mit besitzergreifender Überschwenglichkeit behandelte*[279], träumt von einem großen Filmpro-

Jacqueline Bisset als Yvonne im Film «Unter dem Vulkan»

jekt, obwohl ihm zu dessen Verwirklichung die künstlerische Potenz fehlt. Als Gescheiterter wird er Mexiko verlassen und mitten im Krieg nach Europa zurückkehren. Welche Seite den Weltkrieg gewinnen wird, ist ihm gleichgültig. Demgegenüber fordert Hugh, der noch am ehesten die politischen Ansichten des Autors vertritt, den Einsatz für Demokratie und Humanität. Er zeigt sich bereit, ein Munitionsschiff nach Spanien zu begleiten, ein selbstmörderischer Plan, den wohl auch Lowry 1938 nach seiner Trennung von Jan ins Auge gefaßt hatte. Doch Hughs Motive sind nicht weniger egoistisch als die der anderen. Laruelle nennt ihn einen *verantwortungslosen Schwätzer und professionellen Salonmarxisten... einen eitlen und im Grunde gehemmten Menschen*[280] mit einem *absurden Drang zur Tat*[281], welche ein vielfach belastetes Gewissen besänftigen soll.

Der Konsul, der eigentlich ein Ex-Konsul ist, hat es sich in eigenwilliger Annäherung bequem gemacht unter den vielen Männern, die er für ebenfalls gescheitert ansieht, Adam etwa oder Prometheus, Christus und Hamlet. Doch auch unter ihnen wird der Alkoholiker immer nur ein Außenseiter bleiben. Obgleich sein Tod als Höllensturz des Faust, wenn nicht gar als Opfertod erscheinen mag, der nach aztekischem Glauben allein den Fortbestand der Welt garantiert, ist sein Ende schließlich doch nur *eine schäbige Art zu sterben*[282]. Was für Yvonne wie die Donnerschläge eines himmlischen Gewitters klingt, sind die Schüsse, die den Konsul töten. So ist es allein Menschenwerk, von dem die Vernichtung ausgeht.

Wie Melvilles Bartleby (in der gleichnamigen Erzählung) möchte Firmin, längst das Gegenteil seines Namens, nicht mehr erlöst werden. Er kennt nicht die Sehnsucht des Faust nach dem Leben. Die Glocken, die Goethes Gelehrten ins Leben zurückrufen, sind Firmin bereits zu sehr vertraut, als daß sie ihn daran hindern könnten, sein Gift zu trinken. Wie das imperiale England, von dem er ein Leben lang profitiert hat und welches er zuletzt wohl noch als Spion vertritt, stolpert er, alles mit sich reißend, auf den Abgrund zu, der die Kluft seines Innern ist. *Der Konsul ist so zu einem Mann geworden, der die reine Zerstörung ist – ja er hat praktisch aufgehört, überhaupt noch ein Mensch zu sein; und seine menschlichen Gefühle machen das alles für ihn nur noch peinigender, verändern die Dinge aber nicht im geringsten; das ist für ihn die Hölle.*[283] Sein Sterben wird zum *Menetekel für die Welt*[284], indem es zusammenfällt mit deren Ende: *entsetzlich, das war ein Ausbruch – doch nein, das war nicht der Vulkan, die Welt zerbarst, zerbarst in schwarze Lavaspritzer von Dörfern,*

Farolito – Szene aus «Unter dem Vulkan»

die in den Weltraum geschleudert wurden[285], eine Vorstellung, die uns heute, da wir den Weltuntergang inszenieren können, kaum mehr prophetisch anmutet.

Der Eindruck, als ließen sich Werdegang und Handlungsweisen der Personen ohne Widersprüche rekonstruieren, ist falsch. Vielmehr verschwinden alle Umrisse, wie im Mescal-Rausch, der den Konsul Yvonne nicht erkennen läßt. Die vier Hauptpersonen, die auf den Vorstufen des Romans eher nebeneinander existieren, sind nun eng miteinander verbunden und doch durch Abgründe getrennt. Mit der Frau steht jeder der drei Männer in einer sexuellen Beziehung, eine Konstellation, die zugleich das Grundmuster der zahlenmystischen Einbindung ist. Die Zahlen drei und vier, vor allem aber deren Summe sieben, die *verhängnisvolle... magische... glückliche gutschlechte Zahl*[286], biblisches Symbol der Ganzheit, sind für den Roman von vielfältiger Bedeutung. Über Lowrys Symbolwelt, die Perle Epstein ein «privates Labyrinth» nennt, informieren die Untersuchungen von Kilgallin, Matson, Epstein und Ackerley/Clipper. Der unbeherrschte Alkoholiker Lowry war *im Grunde seiner chaotischen Natur*[287] besessen *von dem leidenschaftlichen Verlangen nach Ordnung selbst der kleinsten im Universum existierenden Dinge*[288]. Je unabänderlicher die Ordnung der Welt zerbrach, um so begieriger suchte er nach dem, was Ordnung versprach. In einer an Goethes Weltsicht erinnernden *Systole-Diastole*[289]-Bewegung ziehen seine Protagonisten einander an, stoßen sich wieder ab oder tauschen die Rollen. Hugh trägt die Kleidung seines Bruders. Dieser wird erschossen, weil man ihn mit Hugh verwechselt. Die Mörder werden unterstützt von einem Mann namens Weber, der Hugh bei der Einreise nach Mexiko geholfen hat. Der Konsul, der die Verhältnisse im Land kennt, warnt den Bruder vor den Faschisten, deren Barbarei ihn selbst das Leben kostet. Obwohl er den Einsatz für eine bessere Welt verspottet, kommt er durch politische Machenschaften um. Wie der betrunkene Pelado, der den sterbenden Indio beraubt, ist er als Vertreter des Imperialismus ein Ausbeuter und zugleich überaus leidensfähig. Als Alkoholiker erkennt er, daß er sich selbst der größte Feind ist, gegen den er immer verlieren wird. Seine Gewissenskonflikte gehen nicht zuletzt auf Taten im Krieg zurück, für die er vom *Empire... an das er zumindest mit einem Teil seines Wesens... inbrünstig glaubte*[290], mit einem Orden ausgezeichnet worden ist. Herausragend ist der Roman, den man ansonsten auch für eine ins Mystische gesteigerte, larmoyante Liebesgeschichte halten könnte, gerade dadurch, daß er *auf einer Ebene ganz entschieden eine politische Parabel*[291] von visionärer Kraft ist.

Der Tod in Mexiko wirft die Frage auf nach den Ursachen des Leidens in der Welt. Wer die geheime Ordnung sucht, für den ist die Welt, so wie sie ist, nicht in Ordnung. Übersteigerte Ich-Bezogenheit, die allen Personen des Romans anhaftet, macht unempfindlich für das Leiden der anderen, die um so leichter zum Objekt wirtschaftlicher, politischer und per-

Die Diktatur. Ausschnitt aus einem Gemälde von Diego Rivera, 1936

sönlicher Willkür werden. Zu spät erkennt der Konsul, daß seine Menschenverachtung auf ihn selbst zurückfällt: *Jetzt war er der Sterbende am Wegrand, wo kein barmherziger Samariter stehenbleiben würde.*[292] So kündigt sich im Scheitern des Konsuls das Scheitern einer Epoche und die mögliche Zerstörung jenes Gartens an, *der die Welt darstellt*[293], eine Vision, über deren Gültigkeit Lowry später urteilte: *... ohne Zweifel ist das als Prophezeiung nicht mehr von Belang, aber ich kann nicht sagen, daß es sich überlebt hat.*[294]

Während die Forschung bislang Fragestellungen nach der spirituellen Bedeutung des Romans favorisierte, erweitert Michael Cripps das breite Spektrum der *Vulkan*-Interpretationen um einen religionskritischen Ansatz: «Firmin könnte, wie Lowry selbst, gesehen werden als ein aus der Art geschlagener Puritaner»[295], der auf der Suche nach den Zeichen des Heils in Widerspruch zur Welt gerät und mutwillig das Paradies zerstört. Dann wäre der Konsul *Bunyans Pilger... der, wie er meint, sein Gesicht von der Verdammnis abkehrt, ins Unbekannte davonhumpelt und sein armseliges Haus zurückläßt; aber wie es so geht: er macht da einen großen Fehler, denn sein armseliges Haus war seine einzige Rettung*[296]. So scheint es, als habe sich Lowry mit dem Tod seines Doppelgängers selbst befreien wollen von der puritanischen Weltentwertung seiner religiösen Erziehung, von den quälenden Zweifeln an der *Gnade Gottes*[297]. In der Verkündigung des Scheiterns: *Ich liebe die Hölle. Ich kann es nicht erwarten,*

Am traditionellen Totensonntag in Mexiko

wieder hinzukommen. Ich renne schon. Ich bin schon fast wieder dort[298], würde demnach des Konsuls abgebrochene Pilgerreise zur modernen Weltallegorie, zur lehrhaften Dichtung, wie der paralysierende Fatalismus, der dem Prädestinationsbeschluß und der Trunksucht gemeinsam ist, zu überwinden wäre: «Wer immer strebend sich bemüht, den können wir erlösen.» Goethes Lob der Tat leitet den Roman ein, an dessen Ende der Leichnam des Konsuls in den Tiefen der Barranca verschwindet. Doch man vergißt nicht, ihm einen toten Hund nachzuwerfen. Denn es ist ein Hund, der nach altmexikanischen Vorstellungen den Verstorbenen auf sicheren Wegen ins Jenseits geleitet.

Anders als sein Protagonist war Lowry kein heilloser Pessimist. Seine *düstere Anatomie von der Not des Menschen*[299] wäre *erschreckend, hätte* er *sie nicht so komisch erzählt*[300]. Das Lachen des Komödianten, das überall zu lauern scheint und bisher noch nicht angemessen gewürdigt worden ist, entspricht der dargestellten Krise und leistet einen Beitrag zu deren Überwindung. Wer *Unter dem Vulkan* nach endgültiger Gewißheit sucht, statt sich immer neu, und sei es von Anfang an, um Erkenntnis zu bemühen, wird der Lächerlichkeit preisgegeben, wie Llewelyn, der sich auf der *Oktoberfähre nach Gabriola* dem Ziel seiner Wünsche nahe wähnt: *Zum erstenmal seit langer Zeit fühlte er sich im Einklang mit seinem Schicksal und dem des Weltalls. Es war ein dem Triumph nicht unähnliches Gefühl. Au! Heil dir, du Möwe am Himmelsfirmament, die du des Menschen Kopf als Latrine benutzt!*[301] So scheint Lowry ebenfalls die Bemühungen um eine Unterscheidung der zahlreichen Motive und Ebenen seines Romans mit sanftem Spott zu kommentieren, wenn er gegenüber Cape andeutet: *Vielleicht wird man einmal sehen, daß der «Vulkan» im Grunde auch nur ein Thema hat.*[302] Damit könnte er durchaus sich selbst gemeint haben, und zwar in der einzig ernsten Rolle, die er beherrschte, der des Künstlers.

«Erfolg kommt einem schrecklichen Unglück gleich»[303]

Metafiction

Mit zwanzig Jahren, als er noch nichts Nennenswertes vorweisen konnte, hatte Lowry gegenüber Aiken aufgetrumpft: *...das einzige ...Gebiet, auf dem ich irgend Erfolg hatte,* ist *das ernsthafte Schreiben... dieser Erfolg bedeutet selten Anerkennung.*[304] Mit nahezu Vierzig war ihm nun beides zuteil geworden: das Gelingen eines grandiosen literarischen Werks und die Teilnahme einer interessierten Öffentlichkeit. Ein ausgesprochener Verkaufsschlager wurde der *Vulkan*, der zwar in Amerika auf breite Zustimmung stieß, in England aber *alles andere als erfolgreich*[305] war, nicht. Bereits beim Erscheinen des Buchs mußte Lowry erfahren, daß er im Schatten des Ruhms keinen Ruheplatz finden würde. Herumgereicht auf zahlreichen Empfängen, zu denen der Verlag die wichtigsten Vertreter des literarischen New York geladen hatte, unter ihnen Djuna Barnes und W. H. Auden, zog sich Lowry hinter einen fragwürdigen Schutzwall aus Ginflaschen und Schüchternheit zurück. In Vancouver verfolgte man ihn mit Bettelbriefen und der hämischen Zeitungsmeldung, daß der berühmte Schriftsteller, der «Schecks über Tausende unterschreiben könnte»[306], für sein Haus keinen Penny an den Staat abzuführen brauche. Wesentlich stärker lastete auf ihm die Erwartung, Kritiker wie Jacques Barzun «durch ein neues Werk von [seinen] Fähigkeiten überzeug[en]»[307] zu müssen. In dem Gedicht *Nach der Veröffentlichung von «Unter dem Vulkan»* führte er darüber Klage:

Der Ruhm, dieser Säufer, brennt die Wohnungen der Seele nieder, / für ihn allein hast du geschuftet, jetzt wird es klar – / ach, hätte ich deinen falschen Kuß nur ausgeschlagen / und wäre für immer im Dunkel gelassen, zu sinken und zu scheitern.[308] Im Sommer 1947 begann Lowry, die Notizbücher der letzten Reise zu überarbeiten und das Material für zwei weitere Mexiko-Romane, nämlich *Dunkel wie die Gruft* und *La Mordida*, zusammenzustellen. Diese sowie die bereits veröffentlichten und alle zukünftigen Arbeiten betrachtete Lowry als Bestandteil eines großen Zyklus mit dem Titel *Die Reise, die nie endet*, der nach Lowrys Plänen die folgenden Werke umfassen sollte:

Malcolm Lowry in Tlaxcala, Mexiko 1946

Die Prüfung des Sigbjørn Wilderness Teil I
Ultramarin
Lunar Caustic
Unter dem Vulkan
Dunkel wie die Gruft, in der mein Freund begraben liegt
La Mordida
Oktoberfähre nach Gabriola
Die Prüfung des Sigbjørn Wilderness Teil II[309]

Diesem proustschen Projekt, nach Sherrill Grace «eines der ungewöhnlichsten und herausforderndsten Konzepte des modernen Romans»[310], widmete Lowry die restlichen zehn Jahre seines Lebens. Im Hinblick auf seine Verwirklichung erwies sich der Titel jedoch als Prophezeiung.

Im Herbst 1947 hatte Lowry *den Anfang einer ersten Fassung von «Dunkel wie die Gruft» geschrieben und mit der zweiten angefangen*[311], im Sommer 1952 verschwanden *700 Seiten Notizen und Entwürfe*[312] endgültig in einem Banksafe, um erst nach Lowrys Tod von Margerie Lowry und Douglas Day als Roman veröffentlicht zu werden, ohne daß die Herausgeber kenntlich gemacht hätten, wie bzw. an welcher Stelle das Material bearbeitet worden ist. *Dunkel wie die Gruft* ist ohne Kenntnis von *Unter dem Vulkan* kaum angemessen zu rezipieren. Die beiden Hauptpersonen, der Schriftsteller Sigbjørn Wilderness und seine Frau Primrose, fliegen von Vancouver nach Mexiko, wo sie in Cuernavaca die Entscheidung des Verlags über Sigbjørns Roman «Das Tal der Todesschatten» erwarten. Die ausweichende Antwort des Verlegers führt den Schriftsteller ebenso wie die Begegnung mit dem Ort, an dem sein Roman spielt, in eine tiefe Krise, die sich zu einem Kampf auf Leben und Tod ausweitet. Sigbjørn weiß, daß er sich der Vergangenheit, die ihn verfolgt, stellen muß. Indem er die Tatsache, daß der Freund, dem er auf der Reise wiederzubegegnen hoffte, schon seit sieben Jahren tot ist, mit Fassung und, ohne sich in den trügerischen Trost des Alkohols zu flüchten, aufnimmt, gelingt es ihm, die dunkle Vergangenheit zu überwinden, sie gleichsam mit dem Freund ins Grab zu senken und in die Zukunft zu blicken, wo er die Umrisse eines weiteren Romans über die neuerlichen Mexiko-Erlebnisse aufscheinen sieht.

Dunkel wie die Gruft ist also zum einen der Rahmen zur dramatischen Entstehungsgeschichte von *Unter dem Vulkan*, ein *Unter ‹Unter dem Vulkan›*[313]. *Die Absicht ist eine Art bildlicher Abstieg eines Künstlers in die Welt, die er geschaffen hat*[314], wobei dies, wie sich auf der Mexiko-Reise der Lowrys erwiesen hatte, die Gefahr in sich barg, vom eigenen Buch eingeholt zu werden. Die Obsession, als Künstler nicht mehr der Souverän des künstlerischen Prozesses zu sein, die Lowry erschreckte und zugleich faszinierte, glaubte er überwinden zu können, indem er, nicht unähnlich psychoanalytischer Lehre, darüber schrieb. So entstand zum anderen ein Buch über einen Schriftsteller, der gerade dabei ist, ein Buch zu schreiben über die Entstehung eines Buches, dessen Verfasser er selber war, womit der Erzähler als Person kaum mehr zu identifizieren ist. Unversehens ist er in das Zentrum des narrativen Prozesses geraten, dessen Gegenstand nicht mehr die Story, sondern der *Akt des Schreibens*[315] ist.

In einer Zeit, die realistische Autoren wie James Jones oder Norman Mailer bevorzugte, beharrte Lowry, indem er im Kunstwerk dessen Entstehung reflektierte, auf einem konsequent avantgardistischen Standpunkt, dem *nichts... unwirklicher als ein ...realistischer Roman*[316] vorkommt. Mit dem Versuch, *das aufzuzeichnen, was tatsächlich im Kopf eines Romanciers vorgeht, wenn er sich einen phantastischen Charakter usw. ausdenkt*[317], steht Lowry außerhalb des traditionellen Wirklichkeitsbegriffs und weiß dies auch: *...denn dies, der Teil, der nie geschrieben wird – wozu auch die wahren Antriebe gehören, die ihn hauptsächlich zu einem Romancier oder Dramatiker gemacht haben, sowie die Veränderungen seiner Lebensumstände, so wie er sie wahrnahm, als jene Impulse verwirklicht wurden – dies wäre das wahre Drama...*[318] Die von Lowry mehrfach zitierte Auffassung des spanischen Philosophen José Ortega y Gasset, wonach *der Mensch wirklich eine Art Romancier seiner selbst ist*[319], entsprach seiner eigenen Vorstellung vom *organischen Kunstwerk*[320], welches als ständig sich wandelnde, kaum greifbare Äußerung des Lebens den schöpferischen Prozeß über das ein-für-allemal fertige Werk setzt. Im Schreiben über das Schreiben überwand Lowry, der bereits im *Vulkan* zu der Einsicht gelangt war, daß *das Schicksal... durch Gleichnisse nicht geändert*[321] würde, das symbolische Sprechen und gelangte zu einer neuen Form, die nicht nur mit dem Verfahren, das sie hervorbringt, sondern auch mit dem Bewußtsein, das sich in ihr konkretisiert, identisch ist.

Die Notizbücher, über die Jan Gabriel berichtet, daß man kein Restaurant mit Lowry verlassen konnte, ohne daß er nicht schon mehrere Seiten über das vergangene Mahl zu Papier gebracht hatte[322], wurden nunmehr zum Ort, an dem sich Leben und Kunst augenfällig trafen. Die künstlerische Bedeutung der Notate, die an Umfang das veröffentlichte Werk übertreffen, ist bis heute unerforscht. Die unmittelbare Verwertung höchst persönlicher Erfahrungen, zumal bei einem Autor, der nur sah, was er sehen wollte, mag auf den ersten Blick lediglich als Aufwertung einer elenden Trinkerexistenz erscheinen, der auch die überall aufgespürten Koinzidenzien keinen höheren Sinn mehr verliehen. Die Selbstzentrierung erweist sich jedoch für Lowry wie für seinen Protagonisten Wilderness als eine Methode, verborgen gebliebene Zusammenhänge bewußt zu machen: *...wenn man etwas von der Mechanik der eigenen schöpferischen Tätigkeit erfuhr, erfuhr man dann nicht auch etwas über die Mechanik des Schicksals?*[323] Indem sich der Künstler in Tagebuch und Werkstattnotiz als Instrument des künstlerischen Ausdrucks erfährt, wird er gleichsam zum Seher am Rande einer Gesellschaft, deren Mitglieder sich trotz Aufklärung als blinde Werkzeuge erleben. Gegenüber der Apathie der Nachkriegsjahre beschwört Lowry mit quasi-religiöser Emphase den Wahrheitsanspruch der ästhetischen Revolte: *Lieber Herrgott, ich bitte Dich ernstlich*, heißt es in einem Tagebucheintrag, *hilf mir, in diese Arbeit, wie häßlich, chaotisch und sündhaft sie auch sein mag, eine Ordnung zu bringen, die vor Deinem Angesicht bestehen kann; auf daß*

sie... die höchsten Anforderungen der Kunst erfüllt, dabei aber der An-
fang von etwas ist und, wo notwendig, mit alten Regeln bricht. Sie muß
voll von Aufruhr, Sturm und Donner sein, das lebensspendende, den
Menschen Hoffnung verheißende Wort Gottes muß hindurchklingen, aber
sie muß auch ausgewogen und ernst, voller Güte, Mitgefühl und Humor
sein.[324]

Vorläufig bewahrte das Schreiben von *Dunkel wie die Gruft* Lowry vor
dem Abgrund, in dem der Konsul verschwunden war. Gegenüber der
Möglichkeit des Versagens räumte er ein: *Das Wichtigste ist jedoch, daß*
ich es... überhaupt geschrieben[325] habe. Wo sich die Engführung von
Leben und Literatur als dynamischer Vorgang darstellt, liegt das, was der
Schriftsteller im Tode unvollendet läßt, schließlich in seiner Absicht.
Alles, protestierte Lowry gegenüber den Einwänden seines Lektors,
hängt davon ab, was zum Teufel man für ein fertiges Kunstwerk hält.[326]
Wie eine Wasserscheide steht *Dunkel wie die Gruft* zwischen den früheren
und den folgenden Werken. Als wolle er die Kunst an ihr Erlösungsversprechen gemahnen, münden fortan alle Werke Lowrys in Ahnungen von
Glück und Versöhnung. Am Ende von *Dunkel wie die Gruft* hat Wilderness den *Vulkan* als Fiktion durchschaut, deren Schrecken hinter ihm liegen. Obwohl sein im Entstehen begriffenes Buch gleichfalls zwölf Kapitel
umfaßt und wie der *Vulkan* im Farolito endet, fehlt ihm die Gestalt des
höllischen Kreises; es ist vielmehr offen für eine bessere Zukunft. Die
Liebe, die stärksten Belastungen ausgesetzt war, hat sich bewährt, die
Vulkane haben ihren Charakter als Symbole des Verhängnisses verloren
und sind ganz *einfach Vulkane, tot und erloschen*[327]. Mit *dem Farolito*,
dem Todesort des Konsuls, verbindet Wilderness gar *das Gefühl der Frei-*
heit[328].

Viele Kritiker vermögen in *Dunkel wie die Gruft* lediglich einen interes-
santen Arbeitsbericht zu erkennen. Tatsächlich weisen Lowrys nachgelas-
sene Werke eine Eigenheit auf, die er selbst an den Arbeiten Aikens
beobachtete: *...oft kann man es fast hören, wie der Dämon gegen das*
betreffende Material revoltiert, das nur dazu bestimmt ist, ihm zu helfen, daß
er mit seiner Sache irgendwie fertig wird.[329] Gegenüber seinen Berichten
aus der Hölle erscheint manchem Leser Lowrys *Aussicht auf ein Glück,*
das man eben nicht nur *in sich hineinschlingen*[330], sondern erschreiben
konnte, als Einbruch jener Sehnsucht nach idyllischer Einfalt, wie sie am
Beginn des Industriezeitalters schon die Nazarener beseelte. Wirklich gelungen ist ihm eine *Erzählung vom Glück*[331], dem schwierigsten und, wo
es scheitert, peinlichsten aller Themen, erst im *Waldpfad zur Quelle*.

Rückzug und Wiederkehr[332] identifiziert Sherrill Grace als dominie-
rende Bewegungsgesetzlichkeit in Lowrys Werken. Unter den gleichen
Vorzeichen präsentiert sich auch die Europa-Reise, die das Ehepaar am
7. November 1947 antrat. Per Schiff – auf Grund seiner seemännischen
Vergangenheit bevorzugte Lowry Frachter – ging es *Durch den Panama-*

Mit Margerie in Vancouver, 1947

kanal nach Frankreich, wo eine *Vulkan*-Übersetzung anstand. In Vancouver hatte ihn zunehmend *das unbeschreibliche, unvorstellbar trostlose Gefühl* bedrückt, *daß man kein Recht dazu hat, dort zu sein, wo man ist*[333]. So glaubte der freiwillige Exilant nur in der Auseinandersetzung mit den Wurzeln einen neuen Standpunkt gewinnen zu können. Entsprechend

99

In Paris, Mai 1948

fragt er in dem Erzählband *Hör uns, o Herr, der Du im Himmel wohnst*, in dem die wichtigsten Erfahrungen der Reise reflektiert werden: ...*wie kann ein Europäer sich als Amerikaner fühlen, ohne erst seinen Frieden mit Europa gemacht zu haben, ohne sich, wenn auch unaufrichtig, mit seiner Heimat ausgesöhnt zu haben?*[334]

Doch davon konnte bei Lowry keine Rede sein. Auch diese Reise mündete in ein Desaster, endete mit dem fluchtartigen Verlassen des alten Kontinents. Zwar begegnete Lowry im Sommer 1948 den Zeugnissen der europäischen Vergangenheit auf dem antiken Boden Italiens, wohin ihn auch die Lebensspuren englischer Dichter lockten. Die neugewonnenen Freunde jedoch, etwa die französische Übersetzerin und Schriftstellerin Schweizer Herkunft Clarisse Francillon oder «Peter» Churchill (Victor Alexander Spencer, Viscount Churchill) und dessen spätere Frau Joan Black, die das Paar in ihr Haus La Cerisaie bei Vernon an der Seine einluden, lernten einen Menschen kennen, der sich, wie in einem tiefen Traum gefangen, gegenüber der Außenwelt verschloß, von der er lediglich seinen nächsten Drink zu erwarten schien. Die destruktive Wirkung des Alkohols, von Baudelaire in dem Gedicht «Der Wein des Mörders» eindrucksvoll beschrieben, verführte Lowry immer wieder zu Ausbrüchen von Gewalt, die nur mit starken Beruhigungsmitteln zu bremsen waren. Margerie, der ein Psychiater geraten hatte, ihren Mann zu verlassen, da er entweder sie oder sich selbst töten werde, avancierte zunehmend vom Aufpasser zum Opfer. Die Liverpooler Verwandtschaft, die das Erscheinen von *Unter dem Vulkan* kaum zur Kenntnis genommen hatte, lehnte eine Psychotherapie durch C. G. Jung, wie sie Margerie mit Zustimmung ihres Mannes vorgeschlagen hatte, wegen zu hoher Kosten und zu geringer Erfolgsaussicht ab. Der Rückflug nach Vancouver im Januar 1949 wirkte auf das Paar, *als hätte ein unerschrockener... Adam mit seiner Eva sich... wieder ins Paradies eingeschlichen*[335]. Während der ersten Wochen im winterlichen Dollarton unterwarf sich Lowry konsequent einer selbstverfaßten Resolution zur Mäßigung seiner Trinkgewohnheiten, von deren Erfolg er Clarisse Francillon stolz und ausführlich berichtete. Wie immer stabilisierten ihn die Kontakte mit den Nachbarn in der Strandkolonie und neue literarische Pläne, die er nach der bereits erwähnten Vorstellung entwarf, wonach das Leben selbst kreativ ist, womit sich alle Stoffprobleme gleichsam automatisch lösten.

Im Anschluß an einen Krankenhausaufenthalt, den der Patient als weitere Bereicherung seiner *Delowryum Tremens*[336]-Erfahrungen verbuchte, begann er im Sommer mit Notizen zu dem Roman *The Ordeal of Sigbjørn Wilderness*, der zweigeteilt den *Voyage*-Zyklus wie die Enden der Parabel umschließen sollte. Sigbjørn, an dessen Name Lowry der *Strich durch das O*[337] faszinierte, weil er eine Einheit trennt, wird zur dominierenden Figur des Spätwerks. Der *Atomic Rhythm*[338] überschriebene erste Teil würde den Helden an die Schwelle des Todes führen, an

101

der die folgenden Romane als Erinnerung einsetzen, während der zweite Teil mit der Rückkehr ins Leben enden sollte.

Malcolm Lowrys Wille zu *experimentellen Formen*[339] durchkreuzte indes immer häufiger die Erwartungen des Literaturbetriebs. So hielt Harold Matson, der doch mit dem *Vulkan* reichlich Erfahrungen in der Durchsetzung ungewöhnlicher Literatur gesammelt hatte, *Hör uns, o Herr* für nicht zu veröffentlichen. Tatsächlich wollte der Autor mit den geplanten zwölf Erzählungen *sämtliche Regeln*[340] brechen. *Der Titel*, erklärt Lowry seinem etwas ratlosen Übersetzer, *stammt aus dem Abendlied, das die alten Fischer auf der Insel Man sangen.*[341] In Dollarton erklang der Choral zur Geselligkeit und bei fortgeschrittener Stimmung *mitunter ein bißchen ironisch*[342]. Angelegt als *eine Art Roman*[343] und nach Grace eine «Voyage im kleinen», verbindet die Erzählungen der postum erschienenen Sammlung *der Refrain des Schiffmotors, Frère Jacques, Frère Jacques, dormez vous*[344] sowie eine innere Bewegung, die *entgegengesetzt zu der des «Vulkan», d. h. also aus der Barranca hinauf zu den Sternen*[345] verläuft. Der Erzählband ist somit, wie Lowry seinem Lektor und Freund Erskine schreibt, *eine Art von – oft weit weniger ernstem, oft viel ernsterem – «Vulkan» (auf den Kopf gestellt) mit triumphalem Ausgang*[346].

Den Anfang bildet *Das tapferste Boot*, eine einfache Liebesgeschichte mit einer leicht durchschaubaren Boots-Allegorie. Ein seit Jahren verheiratetes Paar schöpft die Kraft für das stets bedrohte Zusammenleben aus einem Ritual. Während eines Spaziergangs am Meer lassen sie die Vergangenheit aufleben, in der sie gegen jede Wahrscheinlichkeit eine Botschaft zusammengeführt hat, die der Mann als Junge einem Spielzeugschiff anvertraut hatte, welches zwölf Jahre lang den Gefahren des Ozeans widerstand. *Die übrigen Erzählungen in «Hör uns, o Herr» behandeln gewissermaßen die «Stürme»... auch wenn andere Protagonisten sie durchzustehen haben.*[347]

Die in Anlehnung an Lewis Carrolls «Through the Looking-Glass» *Durch den Panamakanal* überschriebene Erzählung ist neben dem nicht in die Sammlung aufgenommenen *Ghostkeeper*[348] Lowrys radikalste Abwendung von der traditionellen Erzählweise. Sie beginnt als *Tagebuch einer wirklichen stürmischen Fahrt auf einem französischen Frachter um Cape Flattery nach Frankreich*[349]. Doch bald löst sich die Identität des Schreibers, des bekannten Sigbjørn Wilderness, ebenso auf wie die Chronologie der Eintragungen. Das Reisejournal wandelt sich zum Werkstattbericht, in den unter anderem Bruchstücke von Versen, literarische Zitate und Zeitungsmeldungen eingehen. Die Notate beziehen sich deutlich auf Lowry selbst, während Wilderness zusehends zur Hauptfigur in dem Roman wird, den er gerade schreibt. Nachdem die Anfangsgeschichte verschwunden ist, spaltet sich der Text vertikal in parallele Blöcke, in die unter anderem einige von Coleridges Glossen zur Ballade

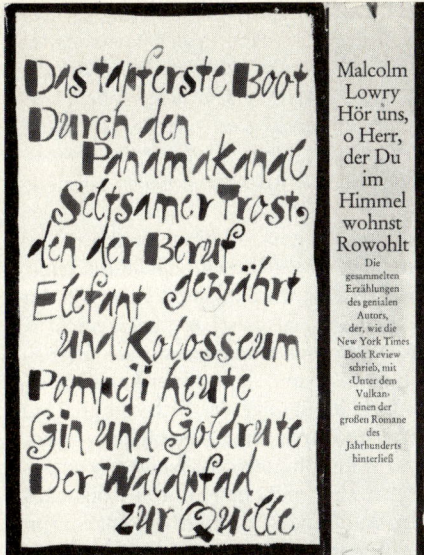
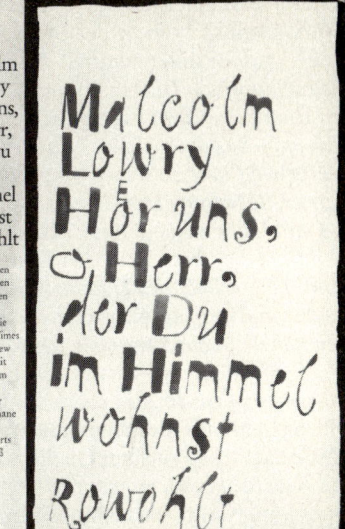

Umschlag der deutschen Erstausgabe von Lowrys Erzählungen, 1965

«Der alte Seemann» eingefügt sind. Dies ist nicht allein als Hinweis auf ein Vorbild zu werten, sondern ebenso als klare Einschätzung der eigenen Außenseiterrolle innerhalb *der zeitgenössischen Welt der Literatur*[350], ein Thema auch der übrigen Erzählungen. Schließlich wird der Text auch graphisch zum Labyrinth, zu «Lowrys eigenem privaten Zauberland der Träume und Alpträume» (Binns), die den Erzähler wie den Autor mit der jedem Tagebuch eigentümlichen Frage bedrängen: *Wer bin ich?*[351]

Die folgenden Erzählungen behandeln vor dem Hintergrund einer Italien-Reise weitere bekannte Lowry-Themen: Verlust der Identität, Versagen und Verzweiflung, Leiden in und an der Zeit. Im römischen Sterbehaus des Dichters John Keats erfährt Lowrys Alter-ego Wilderness, daß ein *Seltsamer Trost, den der Beruf gewährt*, darin besteht, daß sich der Wert eines Künstlers erst nach dessen Tod bestätigt. Zu einem Erlebnis grotesker Fremdheit wird Rom für den Helden von *Elefant und Kolosseum*. Obwohl in Amerika ein erfolgreicher Schriftsteller, ist sein Name selbst in dem Verlag, der ihn ins Italienische übersetzt, unbekannt. Wie der Elefant im Zoo ist er in der Ewigen Stadt am falschen Ort, bietet ihm doch die Ewigkeit keine Heimat. Der Gang durch *Pompeji heute*, das die Zerstörungen des Zweiten Weltkriegs ebenso wie die zweier Jahrtausende überstanden hat, ruft die bei Lowry stets präsenten *furchterwecken-den Gedanken*[352] nach der Stellung des Menschen in *der verrinnenden Zeit*[353] hervor und endet mit der Frage: *Warum quälte man sich mit der Betrachtung von Dingen, die nur vorübergehend verschont geblieben, letzten Endes aber zum Untergang verurteilt waren? Und – die Frage drängte sich auf – begann nicht im Grunde auch der Mensch in einem tiefen, unerklärlichen Sinne zu seiner Umgebung in einer unvollkommenen oder verzerrten Beziehung zu stehen, genau wie er selbst?*[354]

Dem Unbehagen an der Zivilisation, als dessen Ursachen in *Gin und Goldrute* die überall um sich greifende *Häßlichkeit und die bestürzende, absolute Sterilität des Daseins*[355] aufgedeckt werden, stellt Lowry in der letzten und umfangreichsten Erzählung – *mit das Beste, was ich je geschrieben habe*[356] – *das Verlangen des Menschen nach Schönheit, nach Sternen und Sonnenaufgang*[357] entgegen. Lakonisch und rhapsodisch zugleich feiert er einen kleinen Ausschnitt der Welt, die das Paradies sein könnte. Und dies nicht nur für die namenlose Frau und ihren Mann, der täglich von der Hütte am Strand zu einer Quelle im Wald geht, um dort Wasser zu schöpfen. *Der Waldpfad zur Quelle* folgt freilich nicht den Spuren Rousseaus zurück zur Natur. Die Harmonie am Waldrand ist vielmehr ein Zustand im Bewußtsein des Erzählers und nur für Augenblicke der meditativen Erinnerung wirklich, wie sein Lebenswerk, eine Oper, die der Erzählung den Titel gibt. Gleichwohl hoffte Lowry, den alten, auch sein Leben überschattenden Mythos, wonach sich das Schicksal des Menschen in den Bahnen von Schuld und Verderben vollzieht und das Glück den Göttern allein vorbehalten ist, durchbrechen zu können, indem er im Kunstwerk *für das menschliche Glück den leidenschaftlichen und tief ernsten Ausdruck* findet, *der für gewöhnlich der tragischen Katastrophe vorbehalten bleibt*[358]. Denn, so lautet die Botschaft aus der Wildnis, *das Glück eines einzigen Menschen ist eine Erfahrung, die für alle von Nutzen sein kann*[359].

Von Juli 1949 bis April 1950 unterbrach Lowry die Prosaarbeiten und verfaßte zusammen mit Margerie ein Drehbuch zu F. Scott Fitzgeralds Roman «Zärtlich ist die Nacht». Dazu angeregt wurden sie durch einen Bericht der Zeitschrift «Life» über eine Konferenz von Filmschaffenden, auf der sich der Regisseur Joseph L. Mankiewicz darüber beklagt hatte, daß die Künstler den amerikanischen Film zwar als Verdienstquelle, aber noch kaum als Ausdrucksmöglichkeit entdeckt hätten. Lowry und Margerie, beide leidenschaftliche Kinogänger und als solche Mitglieder eines Vancouver Film-Clubs, nahmen die Herausforderung an: *Einige Monate nachdem wir seine Bemerkungen gelesen hatten, kam uns die Idee, daß Schriftsteller, die zwar ihre Liebe zum Kino bekennen, aber kaum etwas anderes tun, als es zu kritisieren, ihre Freundschaft am besten dadurch erweisen können, daß sie versuchen, selbst etwas Gutes praktischer Natur zu schreiben.*[360] Dazu erhielten die Lowrys Gelegenheit, als ihnen Frank Taylor, der bei Reynal and Hitchcock den *Vulkan* betreut hatte und inzwi-

F. Scott Fitzgerald

schen als Drehbuchautor und Regisseur zu Metro-Goldwyn-Mayer nach Hollywood übergewechselt war, von seinen gescheiterten Versuchen mit Fitzgeralds Romanvorlage erzählte. Die Semiotik des Films hatte Lowry ja bereits im *Vulkan* erprobt. Nun konnte er seine Ansicht unter Beweis stellen, daß auch im Zeitalter seiner technischen Reproduzierbarkeit und unter den Bedingungen der Kulturindustrie ein großes Kunstwerk möglich sei. Voraussetzung für das Gelingen war, so Lowry, *keine Anerkennung* zu *erwarten, und es sollte keine Auftragsarbeit sein*[361], was haargenau seiner Arbeitssituation entsprach.

Mit der Bearbeitung von «Zärtlich ist die Nacht» zielte Lowry nicht auf einen *weiteren Film über das Jazz-Zeitalter*[362], dessen Welt- und Erfolgssucht ihm eher fremd waren. Ohne weiteres ist hingegen in dem, was Lowry an der Vorlage hervorhebt, die Verwandtschaft zum *Vulkan* zu erkennen: *Da hat man zum einen eine großartige und ungewöhnliche Liebesgeschichte, zum anderen einen Protagonisten der amerikanischen Seele oder der Seele des Menschen selbst...*[363] In dem Roman des unglücklichen Trinkers Fitzgerald glaubte Lowry ein Werk zu erkennen, das sich völlig mit seinen Ansichten über ein Kunstwerk deckte. Von vielen Kritikern als mißlungen eingeschätzt, weil es *als Buch nicht vollständig ausgeführt sei*[364], wertete Lowry den Roman als *die Arbeit eines Genies von Bedeutung*[365], dessen Vorzug gerade darin liege, daß es die Möglichkeit biete, sich auch *weiterhin kreativ mit ihm zu beschäftigen*[366]. So konnte das Ergebnis keineswegs ein professionelles Drehbuch sein, wohl aber ein in allen Zügen für Lowry typisches Werk, obgleich oder gerade weil Lowry die Freude und den Verdienst an der genuinen Schöpfung mit Margerie teilte: *Da es aus vielleicht verständlichen Gründen keine uns bekannte anerkannte Form für unsere Vorstellungen gibt, haben wir einfach eine erfunden.*[367] Die beiden schickten ein 455 Seiten umfassendes Typoskript nach Hollywood, welches, wie alle Spätwerke Lowrys, keinen gültigen Text enthielt, sondern nach den Worten der Autoren als *eine verstellbare Blaupause für eine Inspiration zu einem großen amerikanischen Film*[368] gedacht war. Nicht nur, daß für eine Szene *versuchsweise ein paar Einstellungen*[369] vorgeschlagen wurden, andere wiederum für *zum Teil nicht umsetzbar*[370] erklärt wurden; ständig wechselnde Perspektiven und Realisationsmöglichkeiten suggerieren gleichfalls 100 Seiten *weitläufige Anmerkungen*, eine *Art Vorwort*[371] sowie ein mehrseitiger Begleitbrief. *Die Idee dabei war allerdings dreifach*, erläutert Lowry gegenüber Taylor das Konzept, *zu versuchen, einen lebendigen Eindruck von einem tatsächlich laufenden Film zu geben, einem Film, den man tatsächlich schon einmal gesehen hatte und der zugleich, da er ja noch nicht gedreht ist, Dir oder der Einbildungskraft eines Regisseurs allen Freiraum bietet, darin zu arbeiten.*[372] In enger Anlehnung an Fitzgeralds Porträt einer geistlosen Zeit, der keine Rettung mehr winkt – das Drehbuch endet sogar noch unversöhnlicher als die Vorlage –, überträgt Lowry seine Methode des prismatischen Erzählens auf eine Bildtechnik, die ihn als gelehrigen und kenntnisreichen Schüler der großen Stummfilmer ausweist.

Obwohl Christopher Isherwood das Drehbuch «ein Meisterwerk» nannte und es gar als «eine neue Gattung»[373] begrüßte, widerfuhr ihm in Hollywood dasselbe Schicksal wie schon den Drehbüchern Eisensteins; niemand konnte sich zu einer Verfilmung entschließen, die mit etwa sechsstündiger Spieldauer zwar durchaus noch den Dimensionen des Stummfilms, kaum aber den Publikumserwartungen der Jahrhundertmitte entsprochen hätte. Und trotzdem ist das Drehbuch, das beinahe 40 Jahre nach seiner Entstehung nicht nur auf seine Realisierung, sondern auch noch auf seine Veröffentlichung wartet, neben dem *Vulkan* das einzige Werk, das Lowry als abgeschlossen ansah und von dessen Wert als *eine der größten Leistungen auf dem Gebiet des Films*[374] er sich überzeugt zeigte.

Entgegen der Versicherung, den Ausflug in die Filmwelt ohne Verwertungsabsicht unternommen zu haben, muß man als Auslöser für den Produktionsschub, der mit dem neuen Jahrzehnt einsetzte und bis 1954 andauerte, auch die sich rapide verschlechternde finanzielle Situation des Paares sehen. *Die Lage* beklagte Lowry in einem Brief an Erskine: ... *wir haben hart gearbeitet – jedoch ohne jeden materiellen Erfolg; unser Kapital haben wir langsam aufgebraucht, bis wir in den letzten sechs Monaten gezwungen waren, von unserem Einkommen zu leben, das – seit der Abwertung des Pfundes und der Freigabe des kanadischen Dollars – auf rund 95 Dollar im Monat gesunken ist.*[375] Eingeleitet hatte Lowry das Schreiben mit einer bemerkenswert rhetorischen Wendung: *Ich hasse es, ein langes Schweigen auf diese Weise zu brechen, aber kannst Du uns irgendwie sofort 200 Dollar leihen? (Man hat mir stets gesagt, so sollte man eine Kurzgeschichte anfangen.)*[376] Die Bitte um Geld wiederholte er in Briefen an seinen Agenten und den Bruder Stuart, an dessen Familiensinn er immerhin mit einer selbstbewußten Aufzählung all seiner Leistungen – *Stehe jetzt in der «Encyclopedia Britannica»*[377] – appellierte.

Die angespannten Verhältnisse hinderten ihn nicht daran, Fremde bereits bei ersten Kontakten einzuladen, an seinem *ungewöhnlich sonnenerfüllten und meeresnahen Leben*[378] am Strand von Dollarton teilzunehmen, wie ihn auch die größte Arbeitsbelastung nicht davon abhielt, umfangreiche Korrespondenzen zu führen, deren Konzipierung und Niederschrift Tage in Anspruch genommen haben müssen und die wohl oft, wie wir aus dem *Vulkan* wissen, gar nicht abgeschickt wurden. Lowrys Briefe, die, soweit sie veröffentlicht sind, immer auf Wesentliches zielen, haben nicht selten den Charakter endloser Diskussionen in angeregter Runde. *Jesses, ich kann nicht weiter*[379], heißt es darin, als müsse der Schreiber Atem schöpfen, oder auch: *etliche Mescals später*[380]. Häufig kokettiert Lowry mit seinem schriftstellerischen Unvermögen, als wolle er Widerspruch oder Aufmunterung provozieren. Trotzdem verspürt man zunehmend, hier führt ein Einsamer, dem wirkliche Dialoge kaum mehr gelingen, endlose Selbstgespräche über sein Lieblingsthema, den Künstler Malcolm Lowry. Liebesbriefe, die doch im *Vulkan* eine so bedeutsame Rolle einnehmen, sucht man vergebens. Obwohl auch Lowry die trügerische und *mißliebige Gesellschaft*[381] derer kannte, die lediglich sein Trinkverhalten verstärkten, wollte er ohne eine Vorstellung von echter Gemeinschaft nicht leben: *Jede Freundlichkeit, die man ihm erwies, rührte ihn tief.*[382] Wenn er sich angegriffen fühlte, reagierte er empfindlich, um dann mit entwaffnendem Charme die Schuld für alle Mißhelligkeiten auf den Beelzebub zu schieben. So schlug er immer neue Brücken der Versöhnung: *weil ich menschliche Beziehungen schätze*[383]. Demnach war Lowry weniger ein Außenseiter als vielmehr ein Extremist, der keine Grenzen akzeptieren konnte, weder in der Freundschaft noch im Haß, und erst recht nicht gegenüber sich selbst.

Zu Beginn der fünfziger Jahre war Erskine, der Lowry auch regelmäßig mit literarischen Neuerscheinungen bekannt machte und ihn zu weitschweifigen Kommentaren ermunterte, zum Verlag Random House übergewechselt, welcher im Frühjahr 1952 auch Lowry als Autor übernahm, der sich um so bereitwilliger von seinem alten Verlag trennte, als jener die Veröffentlichung von *Lunar Caustic* ablehnte. Random House sagte eine monatliche Unterstützung von 200 Dollar unter der Bedingung zu, daß Lowry innerhalb der nächsten zweieinhalb Jahre zwei Romane abliefere. Dieser dachte dabei wohl an die beiden Mexiko-Romane, deren Entstehen er Erskine ja schon 1947 angekündigt hatte. Daß er sich jedoch noch vor dem Unterschreiben des Vertrags darum bemühte, die Romane durch Gedichte zu ersetzen, wirkt indessen wie das Eingeständnis seines Unvermögens, die Konditionen je erfüllen zu können.

In Dollarton, Sommer 1953

In Dollarton, Sommer 1953

Trotz der anstehenden Verpflichtungen begann Lowry im Sommer 1952 die Kurzgeschichte *Oktoberfähre nach Gabriola* in einen Roman umzuschreiben, nachdem es Matson bis dahin nicht gelungen war, diese oder eine der anderen Erzählungen zu verkaufen. Vor dem Hintergrund der Entstehungsgeschichte von *Unter dem Vulkan* weckte gleichwohl jede Ablehnung neuerlich Lowrys Schaffenskräfte oder bestätigte ihn zumindest in seiner Rolle als verkanntes Genie. *Vielleicht*, räsonierte er über seine Identifikationsfigur Wilderness, *besteht seine Tragödie darin, daß er der einzige normale Schriftsteller ist, den es noch auf Erden gibt, und das vermehrt seine Isoliertheit und damit sein Schuldgefühl*[384]. Im Herbst 1953 schickte Lowry ein erstes Kapitel des neuen Romans an Erskine, nicht ohne ihn auf den experiementellen Charakter des Textes vorzubereiten: *...vielleicht solltest Du Dich mit Deinem Urteil so lange noch zurückhalten, aber das kann ich Dir sagen: je weiter es voranschreitet, desto besser wird das Buch – Bruder, Du mußt warten, bis die alte Flut wieder hochsteigt, rollend und grollend, und sie kommt schon ein bißchen.*[385] Die Briefe an den Verlag verzeichnen nun laufend dramatische Ereignisse, die, wahr oder erfunden, immer jedoch auf eindrucksvolle Weise erklären, warum sich der vereinbarte Zeitplan verzögert. Den Versicherungen des Autors, daß die Fähre irgendwann einmal ihr *Reiseziel erreichen*[386] werde, wollte Erskine, der auf einen schnellen Nachfolgeroman zum *Vulkan* hoffte, schließlich nicht mehr vertrauen, zumal er das, was Lowry ablieferte, wenig einfühlsam für «ermüdend» hielt und überdies «nicht verstehen konnte»[387]. Am 8. Januar 1954 erreichte Lowry deshalb eine Nachricht, worin die Verleger mitteilten, *sie hätten beschlossen, die Zahlungen einzustellen – und dies in einem unglaublich frostigen Ton*[388]. Lowry fühlte seinen Ruf geschädigt, seine Arbeit falsch beurteilt und sich selbst von Erskine *ungerecht behandelt*[389]. *Diese herzlose Entmutigung und Schuljungen-Bestrafungs-Methode*[390] war, so urteilt Bowker, «ein Schlag, von dem sich Lowry nie wieder ganz erholte»[391].

Allein die finanzielle Lage besserte sich, als sich nach dem Tod der Mutter (6. Dezember 1950) eine größere Erbschaft ankündigte. Mit der Veröffentlichung von zwei Erzählungen stellte sich zudem ein bescheidener Erfolg ein, wenn man bedenkt, daß Lowry nach dem *Vulkan* lediglich noch das Erscheinen von drei Erzählungen, einem Essay, einer Buchbesprechung, einigen Klappentexten und wenigen Gedichten erleben sollte. Allmählich entspannte sich auch das Verhältnis zu Erskine. Lowry informierte den Freund wieder über den Fortgang der Arbeit an seinem Roman, ohne ihm allerdings die Ergebnisse zu schicken. Selbstkritisch übernahm er einen Teil der Verantwortung für das Zerwürfnis: *...hättest Du mich nicht irgendwie antreiben können, so daß mir eine größere Chance gegeben worden wäre, mich selber anzutreiben*[392], und bekannte schließlich mit rührender Hilflosigkeit: *...daß ich Dich... beinahe ebenso innig liebe wie Jesus Christus und Dir bis an mein Lebensende dankbar sein werde, bin ich auch noch, leg mich um – alles Scheiße...*[393]

Allerdings hatte die ganze Affäre wieder zu einem heftigen Alkoholexzeß geführt, welcher alle sozialen Regeln außer Kraft setzte und aggressive Verhaltensweisen hervortreten ließ. Als Lowry, der doch *Höflichkeit, Takt, Humor*[394] über alles schätzte, einmal völlig enthemmt ein behindertes Nachbarkind beschimpfte, versuchte er diesen Einbruch des Bösen, den er in seinen Werken so oft beschworen hatte, dadurch zu ban-

In Dollarton, 1953

nen, daß er sich durch das Verschlingen bitterer und ungenießbarer Früchte strafte, ein infantiles Ritual, das ihn zuletzt das Leben kosten sollte. Der Rückzug in die Isolation als Konsequenz und Therapie des Alkohols folgte freilich nur den Windungen der schon bekannten *Flucht-spirale*[395], deren scheinbar unaufhaltsames Rotieren den Schriftsteller im Sommer 1954 dazu bewegte, Dollarton für immer zu verlassen und nach Europa zurückzukehren.

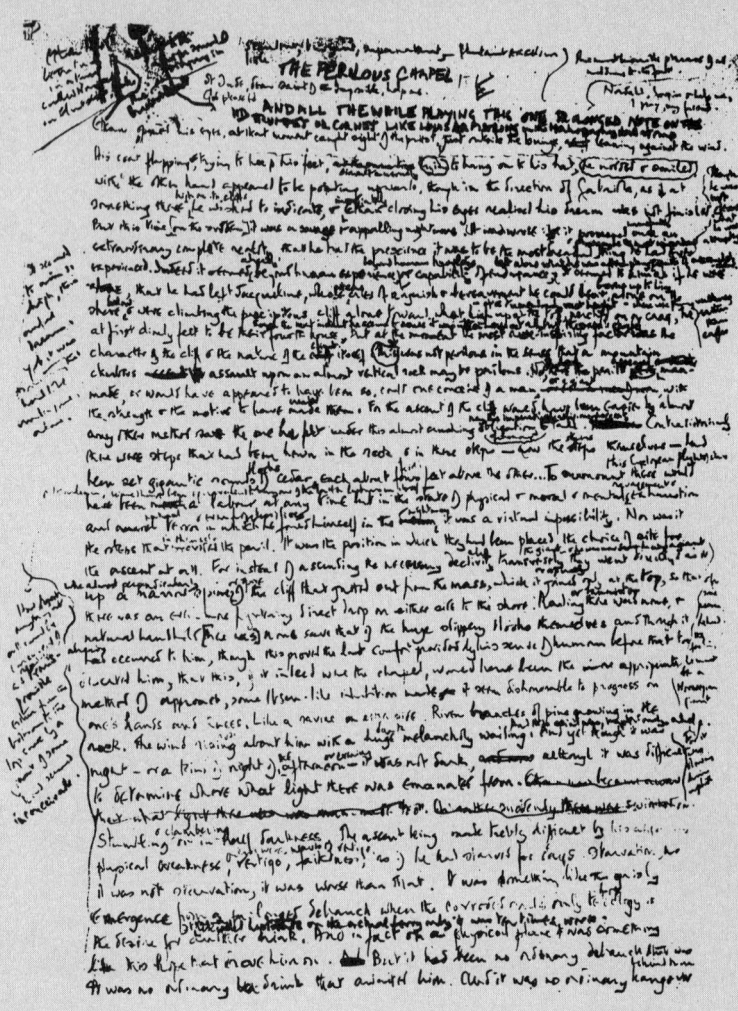

Manuskriptseite von «Oktoberfähre nach Gabriola»

Dies mag auch dem Wunsch Margeries entsprochen haben, die, auf Fotos stets recht extravagant gekleidet, dem einfachen Leben am Strand immer weniger Reize abgewinnen konnte. Bereits seit 1952 überwinterten die Lowrys in Vancouver Hotels. Zu dem ständig drohenden Abriß der Hütte trat nun außerdem die Befürchtung, daß Kanada einen großen Teil von Lowrys Erbschaft, die sich nach Day auf 90000 Pfund belief, als Steuer beanspruchen würde. Lowry wußte allerdings, daß Dollarton nicht nur der einzige Ort war, an dem er mit Erfolg arbeiten konnte, sondern wo es ihm allein gelungen war, *die Sauferei, meine schlechte Laune, meinen Selbstbetrug und bis zu einem gewissen Grade auch meine Myriaden von anderen schlechten Angewohnheiten im Zaum zu halten*[396].

«Fürchte keinen Wechsel, sondern empfange ihn mit offenen Armen; denn jeder Wechsel zeugt von der Natur der Liebe»[397], lauten die Worte des Kabbalisten. Die Lösung von einem Ort, der einmal das Glück bedeutete, als einen notwendigen Schritt in die Zukunft zu akzeptieren, ist denn auch das Thema von Lowrys letztem Roman *Oktoberfähre nach Gabriola*. Diesen großen Abgesang auf Kanada, der streckenweise eher einer Abrechnung gleicht, hinterließ Lowry lediglich als eine Fülle von Entwürfen und Notizen, die Margerie ordnete, kürzte und 1971 veröffentlichte. Geplant war der Roman, insofern er ohne die Themen «Mexiko» und «Künstlerproblematik» auskam, als Gegenpart bzw. Weiterentwicklung von *Unter dem Vulkan*. Er umschließt annähernd zwölf Stunden des 7. Oktobers 1949, ein Tag, an dem der Jurist Ethan Llewelyn und seine Frau Jacqueline mit dem Bus von Victoria nach Nanaimo, Vancouver Island, fahren, um von dort mit der Fähre zur Insel Gabriola überzusetzen, die in der Straße von Georgia liegt. Hier hoffen sie ein neues Haus zu finden, da ihre Squatterhütte an der Küste von Eridanus einem Freizeitpark weichen soll. Während dieser eher ereignislosen Reise entfaltet sich die Handlung *im Geist des Protagonisten*[398]. Rückblenden enthüllen Einzelheiten aus der Vergangenheit des Paares, die sich – vielfach identisch mit den Erlebnissen der Lowrys in Kanada – erzählerisch nicht zu einem Kreis schließen, wie im *Vulkan*, sondern in 37 Kapiteln heranrollen wie die Brandung des Meeres. *Die Gezeiten von Eridanus* lautet demnach eine der Kapitelüberschriften, die, den Zwischentiteln der Stummfilme ähnlich, den Inhalt des jeweiligen Abschnitts zuweilen ironisch kommentieren, ein Thema wieder aufgreifen, ein neues ankündigen, ein Verfahren, welches Lowry dem Lieblingsbuch seiner späten Jahre, Melvilles spröder Narrenschiff-Allegorie «The Confidence-Man – His Masquerade» (Ein sehr vertrauenswürdiger Herr), entlehnt haben dürfte. Zu einer eigenen Wirklichkeit wird für die beiden Reisenden auch ein anderes Produkt des Lichts, der Film. Mehr als zehn Filmtitel, die im Roman auftauchen, bilden «mikroskopische Metaphern»[399] (Kilgallin) für das Ganze.

Bereits 1940 hatte Lowry in einem Brief an James Stern eine neue Art von Roman erwähnt, die er schließlich in *Hör uns, o Herr* und *Oktoberfähre* zu verwirklichen suchte: *Es ist möglich, ein befriedigendes Kunstwerk dadurch zu komponieren, daß man eine Reihe guter Kurzgeschichten schreibt, die in sich abgeschlossen sind, mit denselben Personen, unterein-*

Hermann Hesse

*ander zusammenhängend, aufeinander bezüglich, die einwandfrei sind,
wenn sie gegens Licht, und stichhaltig, wenn sie verkehrtherum gehalten
werden, und doch voller Effekte und Dissonanzen, die eine Kurzgeschichte nicht bieten kann, und von einer Reinheit der Form, die nur der
geborene Kurzgeschichtenschreiber herzustellen fähig ist.*[400] Das in vielem
noch unausgeführte Ergebnis dieser Überlegungen, welches, wie Lowry
bereitwillig einräumte, *nicht eine einzige der konventionellen Tugenden
der herkömmlichen Erzählung*[401] besitzt, wird von der Kritik zurückhal-
tend aufgenommen. Die Urteile über Lowrys letzten Roman reichen von
«Mißerfolg wegen fehlender erzählerischer Spannung» (Binns) über «sur-
reale Collage» (Sartorius) bis zu Muriel C. Bradbrooks treffender Cha-
rakterisierung: «Auf stärkster Grundlage, mit leichtestem Aufbau.» Der
Roman, der seinen Autor *mehr Mühe gekostet hat als der ganze «Vulkan»
zusammen*[402], sollte auch dessen Komplexität erreichen, allerdings nicht
im Wirbel des Rades, sondern auf der stabileren *Basis eines Dreiecks oder
einer Triade*[403].

Noch einmal errichtete Lowry das Spiegelkabinett seiner Wunschbilder
und Ängste, deren Gültigkeit ihm die Lektüre von Hermann Hesses

«Steppenwolf» neuerlich bestätigte. Diesem Roman des Gurus von Motagnola, der in Amerika noch weitgehend unbekannt war, entnahm Lowry nicht nur den in einigen Briefen geführten Beinamen *Malcolm von Steppenwolf*[404]. Auch Lowrys Protagonist ist eine typische Person des Zwiespalts. Seit seiner Studentenzeit wird Llewelyn verfolgt von der Obsession, mitverantwortlich zu sein für den Selbstmord eines Freundes, der immer wieder, und sei es als Abbild auf einer Reklametafel, in die Welt zurückkehrt. Selbst die Elemente scheinen Llewelyn für seine vermeintliche Schuld mit stets neuen Katastrophen bestrafen zu wollen. Wenn er als Strafverteidiger jemanden vor dem Schafott bewahren kann, sieht er darin eine Art Wiedergutmachung am Leben und rettet letztlich sich selbst. In quälenden Selbstverhören schwankt er zwischen Täter- und Opferrolle, präsentiert er sich als Außenseiter, der gleichwohl mit großen Gesten um öffentliche Anerkennung buhlt. Dabei entwickelt er eine Leidensfähigkeit, die bis zur Identifikation mit dem Ewigen Juden, schließlich aber zu der Einsicht führt, daß er nicht vom Schicksal oder gar von Geistern, sondern allein *von sich selbst verfolgt*[405] wird. Den Nachstellungen des Toten, der, Symbol des weltweiten Sterbens, einmal sogar für den Krieg wirbt, vermag er erst in der Einsamkeit von Eridanus zu entkommen.

Dem von der Zivilisation enttäuschten Paar schenkt die Rückkehr zur Natur das innere Gleichgewicht wieder, welches nun durch die drohende Vertreibung, die ja der Anlaß ist für die Fahrt nach Gabriola, erneut gefährdet ist. *Aber, zum Henker*, beklagt Llewelyn die schier ausweglose Situation, *es war, als finge die ganze Welt an, sich vor einer Exmission zu fürchten.*[406] Eridanus verkörpert nicht nur das verlorengegangene Paradies, um das man trauert, sondern auch die Einsicht in das Unabänderliche, aus der erst die Notwendigkeit erwächst, «vorwärts zu schreiten, wieder zu beginnen» (Grace)[407]. Obwohl sie noch auf der Fähre die Nachricht erreicht, daß die Exmittierung aufgeschoben worden ist, beschließen die Llewelyns, nach Gabriola überzusetzen, da Eridanus wohl immer bedroht und nie endgültiger Besitz ist. *Das Wundervolle daran ist zum Teil*, meint Llewelyn, *daß man eigentlich nicht sagen kann, wo es überhaupt ist.*[408] Der Entschluß zur Weiterfahrt fällt in einer gleichsam existentialistischen Situation, völlig frei und unbeeinflußt von den Mächten der Vergangenheit, die damit überwunden sind. *Die Llewelyns haben*, schreibt Lowry an Erskine, *mehr Mühe, nach Gabriola zu gelangen als K in das Schloß, obgleich «Gabriola» kein Schloß-Symbol ist; es ist schließlich die Zukunft.*[409]

Während sich der Sturz des Konsuls unter dem unheilvollen Grollen eines Tropengewitters vollzieht, empfängt Gabriola die Ankommenden im Glanz einer seltenen Naturerscheinung: *Heute abend kommt ein großer Meteorenschwarm herunter! Ist das ein gutes Vorzeichen?*[410] Wie die Frage zu beantworten ist und ob das angekündigte Ereignis wirklich eintrifft, bleibt offen. Doch obwohl der Roman in der Ausgestaltung unvollendet ist, schließt er sinnvoll, das heißt im Sinne von Lowrys Kunst- und Weltverständnis ab. Vom Betreten der Insel erfahren wir nichts mehr. Die Zukunft liegt gleich einem Filmende im Dunkel. Wie in Platons Höhle ist der Ort, der die Llewelyns erwartet, lediglich als Spiel von Licht- und Schallwellen auszumachen und darin dem abendlichen Quauhnahuac verwandt, das die Handlung von *Unter dem Vulkan* einleitet: *Und jetzt, während das Echo erstarb, erkannten Jacqueline und Ethan im Zwielicht die Umrisse eines geschützten Tals, das sich zu einem stillen, ruhigen Hafen herabsenkte. Dahinter, tief im dunklen Wald, glühte ein Feuer, von dem rote Funken aufstiegen wie eine feurige Fontäne; ja, da rodete jemand sein Land und verbrannte die Baumstümpfe. Das Brüllen von Vieh wurde zu ihnen herübergetragen, und sie sahen jemand dicht am Boden eine Laterne schwenken. Eine klare Stimme rief etwas über das Wasser. Und jetzt sahen sie das Dock und die Silhouetten von Gestalten vor ein paar Lichtern, die durch die Dämmerung leuchteten...*[411] Ist dies nun das wirkliche Leben, oder sollte die Fähre sie gar ins Reich der Toten übergesetzt haben? Dann wäre *Oktoberfähre nach Gabriola* in der Tat *eine Art Parabel von dem «glücklichen Ende» unseres Lebens, komme, was da wolle*[412].

Als nach 1950 der Ruhm von *Unter dem Vulkan* allmählich verblaßte, begann Lowry *die qualvolle Position eines Schriftstellers in Kanada*[413] zu beklagen. *Dieses Land*, urteilte er, *ist in mancher Hinsicht gleichgültig und barbarisch.*[414] Wohin auch immer er sich vorgewagt hatte – und er war immerhin bis ins Höllenfeuer gelangt –, stets hatte ihn das Gefühl getragen, ein Entdecker zu sein, und die Vorstellung verunsichert, es sei ihm einer zuvorgekommen. Außergewöhnliches hatte er zuletzt in Dollarton geleistet und erlebt. Doch nun mußte er erfahren, daß *Kanada... allmählich vergaß, daß es seine Pioniere waren, die dieses Land aufgebaut und zu dem gemacht haben, was es ist*[415]. An die Stelle der Aufbruchstimmung traten, noch bevor das Land sich selbst gefunden hatte, Intoleranz und blinde Anpassung an den *Großen Vetter*[416] *südlich der Grenze*[417], der überdies gerade von den Anhängern des Kommunistenjägers McCarthy, *diesen säuischen Stinktieren*[418], heimgesucht wurde. Wie seine Helden Llewelyn und Firmin hatte Lowry geglaubt, *daß aus Kanada eine letzte Weisheit erstehen würde, die Rettung nicht nur für Kanada selbst, sondern vielleicht für die ganze Welt. Das Traurige ist nur,* lautet der typische Lowry-Einwand, *daß die Welt nie so aussieht, als würde sie gerade gerettet werden, solange man noch lebt.*[419] Resigniert äußerte Lowry über das Land, das er im *Vulkan* als sein *unentdecktes, vielleicht unentdeckbares Paradies*[420] gefeiert hatte: *...jetzt will es sein wie alle anderen, will Autocampingplätze haben anstatt Bäume und Coca-Cola-Buden anstatt Menschen. Damit könnte es, da es kaum Kultur besitzt, seine Seele zerstören: das ist zweifellos seine Sache – uns paßt aber nicht, daß es droht, uns dabei zu zerstören, eine Möglichkeit, die womöglich zu verhindern mir nun zur Pflicht wird.*[421]

Während im *Vulkan* das zivilisatiorische Denken von der Barbarei bedroht wird, offenbart sich in Lowrys Spätwerk die Zivilisation selbst als *Schöpferin von Todeslandschaften*[422]. Im Verlauf dieser verhängnisvollen Entwicklung wird die Nachkriegszeit zur Epoche, in der *der Frieden eigentlich noch gar nicht besiegelt*[423] ist. Die ursprüngliche Schönheit des Landes sieht sich einem andauernden Vernichtungsfeldzug ausgesetzt, geführt im Namen eines industriellen Fortschritts, dessen Kennzeichen das kurzlebige Massenprodukt ist, etwa *mit Gewalt hingestellte Häuser, gebaut ohne einen Gedanken daran, was der Mensch wirklich haben wollte und brauchte*[424]. Die menschenverachtende *Häßlichkeit und barbarische Dummheit*[425], von Lowry mehrfach als eigentliche Ursachen des Alkoholismus identifiziert, schienen ihn nun auch in Dollarton einzuholen, wo er gehofft hatte, sein Zivilisationsleiden heilen zu können. *Aber aus dem Exil vertrieben – wohin dann noch?*[426], fragte er, wohl ahnend, daß die Erde uns allen einmal nicht mehr erlauben könnte, auf ihr zu wohnen. In einer Zeit, in der *die Vernichtung fast allgemeines Schicksal*[427] ist, demzufolge *die Leute allmählich der Zukunft so gründlich mißtrauen, daß die Schaffung von etwas Dauerhaftem oder Ausgezeichnetem sich nicht mehr zu lohnen*[428] scheint, repräsentiert das Provisorische, das Lowrys Leben und Werk anhaftet, den Normalzustand. *Diese Unbeständigkeit, die baufällige Fadenscheinigkeit des Lebens waren* vielleicht, so lautet das Glaubensbekenntnis des verzweifelten Realisten, *sogar ein Teil seiner Schönheit.*[429]

«Niemals so stolz wie in der Stunde seines Untergangs» [430]

Tod in Sussex

Was der Roman noch als Lebensklugheit feiert, nämlich *Beginnen – wieder beginnen – noch einmal beginnen* [431], scheiterte in der Praxis. Schon während des zweiwöchigen Zwischenaufenthalts in New York, wo Lowry noch einmal seine amerikanischen Freunde Aiken, James Agee, Erskine und Taylor traf, wurde dem Gastgeber David Markson, der 1952 die erste wissenschaftliche Arbeit über den *Vulkan* geschrieben hatte, klar, daß sein Besucher nicht nur von Dollarton und der Neuen Welt Abschied nahm. «Am Morgen brauchte er zwei oder drei Unzen Gin in seinem Orangensaft, wenn er seine Hände soweit beruhigen wollte, daß er das Frühstück einnehmen konnte, was sich in den meisten Fällen als die einzige Mahlzeit am Tage erwies. Danach sollte eine stets dünner werdende Farbe im Glas darüber hinwegtäuschen, daß er den Gin jetzt pur trank; dies tat er dann so lange, bis er zusammenbrach.» [432] Bemerkenswert war für den jugendlichen Freund nicht so sehr der spektakuläre Rückzug des Dichters aus dem Leben als vielmehr «seine Einstellung dazu: Er vermittelte den unglaublichen Eindruck, als könne er das Ganze überhaupt nicht ernst nehmen. Er besaß ein scharfes Gespür für seine Auflösung, war ewig verdrossen darüber, daß er allen zur Last fiel, entschuldigte sich stündlich für seine Mißgeschicke, doch nahm er auch die eigentliche Absurdität in dem allen wahr: Man stelle sich vor, ein erwachsener Mann, und das ist nun die dritte brennende Zigarette, die ich heute abend verlegt habe.» [433]

Nach der Überfahrt ließ sich das Paar in Sizilien nieder, wohin das Meer und besonders die Vulkane lockten. Die Heimat Luigi Pirandellos und Giovanni Vergas entpuppte sich für Lowry bald als *ein Desaster ersten Ranges: der Lärm ist so entsetzlich*, berichtete er zum Beispiel über Taormina nach New York, *daß ich ständig Ohrenpfropfen tragen muß, wovon man glatt taub (und auch blind) werden kann.* [434] Die zunehmende Selbstisolierung, die diese Zeilen eindrucksvoll belegen, ließ eine Fortführung der zahlreichen Projekte, welche doch das Zentrum von Lowrys Existenz bildeten, nicht zu. Im Juni 1955 siedelten die Lowrys nach London über,

Wieder in Europa:
Margerie und Malcolm Lowry, 1954

wo sich Margerie um eine ärztliche Versorgung ihres Mannes bemühte. Dieser war so hilflos, daß er selbständig keine Zigarette mehr rauchen konnte. Obwohl die Beziehung der Eheleute auf einer starken gegenseitigen Abhängigkeit beruhte, wurde die Pflege des Kranken für Margerie zu einer kaum tragbaren Belastung. Eine einstweilige Trennung, die ein Arzt vorschlug, lehnte sie jedoch ebenso entschieden ab wie eine Lobotomie-Behandlung, ein neurochirurgischer Eingriff, der zwar Lowrys berserkerhafte Ausbrüche gestoppt, seine Persönlichkeit aber mit Sicherheit zerstört hätte.

Nachdem beide in einer Klinik erst einmal ihren Allgemeinzustand gebessert hatten, unterzog sich Lowry gegen Jahresende bereitwillig einer zweimonatigen Entziehungskur im Atkinson Morley Hospital, Wimbledon. Anfangs völlig unkommunikativ, begann er im Verlauf der Therapie die Aufmerksamkeit zu genießen, die man ihm entgegenbrachte. Bald war er kaum mehr zu stoppen, wenn er im Gespräch mit dem Psychiater Michael Raymond alle Seiten seines Charakters beleuchten und die große Anzahl der Geschichten repetieren konnte, die Bestandteil seines Werks und der damit einhergehenden Lowry-Legenden geworden sind. Ohne zu bemerken, daß er auch seine zweite Frau, die er in seinen Texten mit besonderer Wertschätzung porträtiert hatte, seiner problembeladenen Sozialisation opferte, steigerte er sich in heftige Vorwürfe gegen Margerie: *Sie wollte immer ein Kind, und das bin ich geworden.*[435]

Zur Behandlung der depressiven Stimmungen verordnete Raymond Elektroschocks, nach denen Lowry zwar selbständiger wurde, zeitweilig aber auch sein Gedächtnis verlor. Den Alkoholismus bekämpfte man mit der damals üblichen Aversionstherapie. Diese auf der Pawlowschen Konditionierungstheorie basierende Methode mußte bei Lowry scheitern, da für ihn der Alkohol ja nicht nur billige Verlockung, sondern auch herbeigesehnte Höllenstrafe war. Als Lowry aus der Anstalt ausbrach, um den Weihnachtsabend des Jahres 1955 in einem Pub zu feiern, entließ man ihn bald darauf aus der Therapie mit der Diagnose: unheilbar. Da seine Angstzustände frei fließend und nicht zu lokalisieren seien – einen unterdrückten Hang zur Homosexualität schließt der Psychiater mit Entschiedenheit aus –, gab man Margerie den Rat, jede Aufregung von ihrem Mann fernzuhalten und ihn an einem ruhigen Ort unterzubringen.

Diesen fand sie in dem kleinen Dorf Ripe am Rand der South-Downs, jener Gegend, in der Virginia Woolf gelebt und Lowry seine wilden Jugendjahre in Aikens Haus bei Rye verbracht hatte. Hier in Sussex, wo man überall die würzige Luft der See atmen kann, mieteten sie ein Haus, das wegen seines Anstrichs White Cottage heißt. Tatsächlich gelang es Lowry, seine Arbeiten an *Oktoberfähre nach Gabriola* wieder aufzunehmen. Stimulierend wirkte sicher das Erscheinen einer französischen

White Cottage in Ripe, Sussex

Übersetzung von *Lunar Caustic* in der Zeitschrift «L'Esprit». Zu den alten Freunden aus der Studentenzeit knüpfte Lowry neue Kontakte. Den in Amerika Zurückgebliebenen versprach er: *Wir werden alle wieder zusammenkommen.*[436] Das Leben in Ripe schilderte er mit gewohnter Selbstironie als Idylle: *Wir leben in einem uralten Landhaus in einem uralten Dorf, in dem es nicht einmal einen Dorftrottel gibt, wenn man mich nicht mitzählt... Margie verbringt eine herrliche Zeit im Garten, und ich auch: sie pflanzt Setzlinge, die einmal leuchtende Stockrosen sein sollen... während ich unterdessen Sätze voller gewundenem Läusekraut jäte, das ich ordentlich in Reihen lege, zweifellos zu späterem Gebrauch.*[437]

Doch das Glück im Kräutergärtlein, wo so mancher Literat jener Jahre seinen Frieden fand, konnte Lowry nicht gelingen. Ihm, dem nur symbolische Formen Gültiges auszudrücken schienen, kündigte sich neues Unheil an, als ihn im Sommer 1956 Harvey Burt, sein früherer Nachbar in Dollarton, besuchte und ihm mitteilte, daß der Pier, über den Lowry gerade noch geschrieben hatte, er könne sich *nicht vorstellen, ohne ihn zu leben*[438], unter den Frühjahrsstürmen zusammengebrochen war. Während er sich etwa um die zahlreich zurückgelassenen Manuskripte wenig bekümmerte – *Laß se liegen, wo der Herr se hinjeworfen hat*[439] –, galt seine Sorge dem Pier und der Hütte: *Schließlich liegt viel Liebe um diesen Ort.*[440] Die Serie zermürbender Unglücksfälle, von Lowry als solche sorgfältig registriert, setzte sich fort in einem weiteren erfolglosen Krankenhausaufenthalt, in den politischen Katastrophen des Jahres 1956: Suez-Krise und Ungarn-Aufstand, insbesondere aber in einem *völligen Nervenzusammenbruch*[441] Margeries, als dessen Ursache Lowry klarsichtig und voller Schuldgefühle sein eigenes Verhalten diagnostizierte, das er nun wieder einmal entschieden zu bessern sich vornahm. Wie schon mehrere Male vorher, wuchs Lowry mit der Rolle des Helfers. Eine Anfrage bezüglich der Publizierung zweier Gedichte in einer Anthologie beantwortete er mit dem Hinweis auf einen noch gänzlich unbekannten jungen Poeten und der Bemerkung: *... ich halte ihn wirklich für würdig, in die Sammlung aufgenommen zu werden, selbst wenn Sie mich dann weglassen müßten.*[442] So erweist sich das, was Lowry 1952 in einem Beitrag für die Zeitschrift «Wake» an Conrad Aiken hervorgehoben hatte, kaum überraschend auch als Bestandteil eines Selbstporträts: *Stets war er bereit, seinen Schriftstellerkollegen zu helfen, wo es nur ging, und er war eher geneigt, für andere Entschuldigungen zu finden, als sie zu kritisieren ... während ihm ... sein eigenes Werk im Gespräch oftmals höchstens ein halb sardonisches Lächeln ... entlockte.*[443]

Daß er selbst noch keineswegs vergessen war, bewiesen ihm das lebhafte Interesse an der Verfilmung von *Unter dem Vulkan* und der Vertrag mit Vintage Books über eine Taschenbuchausgabe des Romans. In seiner Korrespondenz dominiert ein Optimismus, der indes allzu plakativ wirkt. Denn am Rand der Manuskriptseiten zu *Oktoberfähre nach Gabriola* verraten sich häufende Hilferufe, wie *St. Judas hilf*[444], eine Aufmunterungsmethode, die schon im *Waldpfad* beschrieben wird, oder die Briefunterschrift *Usher*[445], daß Lowry an seinen Kräften zu zweifeln schien, denen in der Vergangenheit noch immer *das Fruchtbarmachen der Zerknirschung*[446] gelungen war.

Im Frühsommer des Jahres 1957 unternahmen die Lowrys eine Reise in den Lake District, unter anderem um dort in Grasmere, wie es ihrer Gewohnheit entsprach, den Spuren berühmter Kollegen, hier Wordsworth und de Quincey, zu folgen. Der jetzt deutlich ins Melancholische weisende Ton seiner Briefe macht es offenbar. Lowry stand gebannt und besinnungslos im *Traum vom verlorenen Paradies*[447], den er noch in *Oktoberfähre nach Gabriola*, Hesses «Demian» zitierend, den *schlimmsten und mörderischsten aller Träume*[448] genannt hatte. Schon das Reiseziel war auch deswegen gewählt worden, *weil wir, wenn wir unsere Augen halb schließen, uns vielleicht einbilden können, wir seien zurück in Burrard Inlet*[449]. Trotz anregender Tätigkeiten, wie Wandern, Rudern, Schwimmen und Beobachten der Vogelwelt, wirkt Lowry, der sich einen Bart hatte wachsen lassen und der zeitweise eine Brille trug, auf den Fotos dieser Reise müde und in sich gekehrt, ein Greis von 48 Jahren. «Er saß immer da und starrte ins Leere. Das tat er oft. Man hatte oft das Gefühl, er sah durch einen durch, auf etwas dahinter»[450], ergänzt die Vermieterin des White Cottage den Eindruck, den die Bilder vermitteln. Die Schreckensmeldung vom plötzlichen Tod der Freundin Joan Black veranlaßte die Urlauber zur sofortigen Heimkehr.

Am Abend des 26. Juni unternahm das Paar einen Spaziergang zu dem etwa eine Meile von Ripe entfernt gelegenen Pub «The Yew Tree» am Rand der Nachbargemeinde Calvington. Hier versorgte sich Lowry, dem man in seinem Wohnort keinen Alkohol mehr verkaufte, mit einer Flasche Gin, um zu Hause seine Niedergeschlagenheit zu betäuben. Dort kam es dann zu einem Streit, in dessen Verlauf die halbgeleerte Flasche zerbrach. War es eine letzte Fügung, daß Lowry zum Mißfallen seiner Gattin ein Bach-Konzert aus dem Nachbarhaus mit der größeren Lautstärke seines Radios hatte übertönen wollen, in dem gerade das im *Waldpfad* als Triumph der Moderne gepriesene «Le Sacre du Printemps» gesendet wurde? Margerie, die sich nicht ohne Grund durch die Glasscherben in der Hand ihres Mannes bedroht fühlte, floh in die Obhut der Vermieterin, die in einem Anbau des Hauses wohnte. Als sie am nächsten Morgen nach ihrem Mann sehen wollte, fand sie ihn tot im Schlafzimmer. *Mein Haß*, hatte dieser gedichtet, *ist ein Sturm, der mich herumstößt.*[451] Als Todesursache ermittelte der Leichenbeschauer eine Vergiftung, hervorgerufen durch das Zusammenwirken von Alkohol und Schlaftabletten, Drogen, die Lowry stets reichlich und oft auch, um sich zu strafen, konsumiert hatte. Organische Schäden wurden überraschenderweise nicht festgestellt. Um den Toten vom Stigma des Selbstmords zu befreien, der 1957 in England noch ein Straftatbestand war und den Lowry in einem Gedicht als *Gedanken, aus meinem Schicksal zu tilgen* apostrophiert hatte, schließt der Obduktionsbericht: Tod durch ein Unglück.

Als habe er seinen eigenen Abgesang entworfen, steht der Tod eines Trinkers auch im Mittelpunkt des letzten Textes, den Lowry vor seinem Ende bearbeitete. In der ausdrücklich als mündliche Erzählung angelegten Geschichte des aus dem *Waldpfad* bekannten Kristbjorg *In den Schwarzen Wäldern*, von Lowry als: *Mein humoristisch-tragischer kurzer Kurzfilm*[452] bezeichnet, scheint er noch einmal die Widersprüche seines Lebens in einer Schlußeinstellung zu gruppieren. Stolz zelebriert ein Trinker mit blondem Schnurrbart und blauen Augen seine Einsamkeit: *Er sagte nie ein Wort zu irgendeinem, er trank nur.*[453] Und doch sucht er die Gemeinschaft der Trinker, die ihm mitfühlend den Platz verschaffen, an dem er seinen Rausch ausschlafen kann. Er ist wurzellos, sein Name ohne Bedeutung, *sein einziges Zuhause die Bar*[454]. Bekannt ist lediglich, wo er, als er nach *genau einem Umkippen zuviel*[455] nicht mehr erwacht, schließlich begraben wird, nämlich, wie sein geistiger Vater, im *hinteren Teil* eines Friedhofs[456]. Was das Leben dem Dichter und seinem Konsul versagte, er beschwor es im Schreiben: ...*vielleicht war es doch ein glorreicher Tod. In jenen Tagen war es einem Mann möglich, irgendwohin zu entkommen.*[457] Für eine solche Verklärung bietet allerdings das Ende Lowrys, zu dessen Beerdigung auf dem Friedhof von Ripe sich neben Margerie nur der Bruder Stuart und eine Handvoll Freunde einfanden, keinen Stoff. Betrachtet man freilich die zunehmende Wirkung, die das kurze Leben und das vergleichsweise schmale Werk auf eine wachsende Leserschar ausüben, so glaubt man unversehens den Anspruch jener Legende verwirklicht, die ein unheiliger Malcolm selber in die Welt setzte:

Die letzten Aufnahmen von Lowry: im Lake District, Juni 1957

Vielleicht war er ein Verbindungsglied mit einem vergangenen Zeitalter und gleichzeitig eins mit einem zukünftigen, das noch nicht da ist.[458]

Im Todesjahr Lowrys erhob mit Jack Kerouacs Roman «On the Road» eine Schriftstellergruppe ihre Stimme, welche die amerikanische Literaturszene aufhorchen ließ. Zur gleichen Zeit begannen die bildenden Künstler neue Zeichen zu setzen und nannten sie: Pop-Art. Auf breiter Front trat die Beat-Generation an gegen die Anpassungshysterie der fünfziger Jahre. Die Künstler entdeckten Instabilität und Spontaneität als Gestaltungsmittel und Thema. Die Literaten entblößten nicht nur ihre Seele und fanden sich unversehens dort wieder, wo Lowry schon vor ihnen gewesen war: in Mexiko und auf der Bowery, im Höllenfeuer der Drogen und des Schreibens, bei Zen und Melville, in der Nervenheilanstalt und immer wieder «Unterwegs».

Ron Binns wie Gilles Deleuze sehen denn auch in dem Engländer einen Vorläufer jener Strömung, die heute als sogenannte Postmoderne Hoch-

125

konjunktur hat. Tatsächlich steht der Verlust der Erzählbarkeit der Welt, den Lowry schon in seinem Jugendroman anzeigte, in der ansonsten extrem pluralistischen Gegenwart außer Diskussion. Auch die Mehrfachcodierung von Texten und das Bekenntnis zum Fragment entsprechen einer Ästhetik, die eine Wirklichkeit, in der das ökologische Desaster und die atomare Katastrophe zum alltäglichen Gesprächsstoff gehören, resigniert über jede Fiktion stellt. Was die Bestimmung von Lowrys Position erschwert, ist seine Existenz am *Rand der Dinge*[459]. Ohne Zweifel aber sah er sich hier auf dem *letzten Vorposten*[460] einer Unternehmung, die als Moderne das Jahrhundert einleitete und die ihre Energien weitgehend aus der Aufklärung bezog. Lowrys *Vulkan* ist zu Recht eine Enzyklopädie unseres Zeitalters genannt worden. Daß sich alle Bedeutungen des Buchs kaum erfassen lassen, reflektiert hingegen keine Beliebigkeit. Wer aus seinem Strudel emportaucht, ist nicht einem spielerischen Element entronnen, wie es heutigem Zeitgefühl entsprechen mag. Lowry antwortete auf einen Fortschritt, der ein globales Vernichtungspotential bereitstellte, nicht mit zynischer Indifferenz, sondern mit *Angst*, in der er seinen *einzigen Gefährten*[461] sah. Weil er über den Trümmern der Humanität nicht den Verstand verlieren wollte, handelte er gegen alle Vernunft; darin Melvilles Ahab (in «Moby Dick») vergleichbar, der der Welt ins Gesicht schleuderte: «Ich bin selbst aus dem Paradies vertrieben und habe kein Verständnis für einen, der bei seinem Unglück noch vernünftig ist.»[462] So wurde der Alkohol für Lowry das, was für die frühen Modernen die Welt der Primitiven, für die Surrealisten der Traum war, ein *Eye-opener*[463], mit dem er *sich in den Totenwachen der Nacht zur Bewußtheit trank*[464].

Erstaunlich nüchtern durchschaute er, wie seine Zeitgenossen Horkheimer und Adorno, daß die Welt des Industriezeitalters nur zum Schein entzaubert ist. Auf ihr lastet, gleichsam als Erbe des überwundenen Schicksalsglaubens, der Fluch dämonischer Versachlichung und tödlicher Isolierung. *Jeden sich selbst überlassen ist nicht nur die Losung*, stellt der Konsul bereits in einer frühen *Vulkan*-Fassung fest, *es ist das Gesetz.*[465] Da die Kunst in ihrem extremen Subjektivismus, der als mächtige sensualistische Strömung gleichfalls die Aufklärung begleitete, besser erkennt, «was der Fall ist» (Wittgenstein), kann sie allein die Krankheit zum Tode aufhalten, die die Menschheit bedroht und die letztlich auch Lowry zum Verhängnis wurde. Deshalb bleiben seine Werke dem emanzipatorischen Anspruch verpflichtet, ein *Beitrag zur Vermehrung der menschlichen Freiheit*[466] zu sein. So sind sie Eingeständnisse des Versagens und zugleich Widerstand dagegen, immer jedoch der ebenso verzweifelte wie witzige Versuch, die Vernunft als Utopie zu bewahren, selbst dort, wo sie zu scheitern scheint. Weil er die Besinnungslosigkeit durchlitten hatte, kämpfte er an gegen das Schwinden der Sinne; weil er der Selbstzerstörung nicht zu entgehen vermochte, konnte er vor den Zerstörungskräften warnen, die der modernen Gesellschaft innewohnen. An den technischen Fortschritt wollte er nicht mehr glauben, wohl aber an ein Fortschreiten der Menschheit. Solange ihm dies gelang, müssen wir uns Lowry als einen glücklichen Sisyphus vorstellen, der diesen Zustand auch, wie wir zuverlässig wissen, auf andere übertragen konnte. *Wenn ich den Jungen sehe, bin ich für fünf Tage guter Laune*[467], so sollte man von ihm sprechen. Ein Ende der Geschichte, wie es «Die Rättin» des Günter Grass konstatiert, wollte er nicht wahrhaben. Nicht um eine bessere Vergangenheit zu zitieren, vielmehr weil er sich in der Fortsetzung einer großen literarischen Tradition sah, die ihn streng in die Pflicht nahm, drängte es ihn zur Auseinandersetzung mit Vorgängern. Dabei stimmte er mit jenen überein, die der Maxime widersprachen, nach der die Welt zu reproduzieren sei, wie sie ist, ein Einwand, den auch die klassische Moderne gegen den Positivismus erhob.

Was wissen wir denn?[468] Diese beunruhigende Frage jeder Avantgarde vermochte auch Lowry nicht zu beantworten. Erlösung hat deshalb für ihn keine metaphysische Qualität, sondern liegt allein in der Fähigkeit zu lieben, eine Einsicht, wie sie sich bereits in jenen Worten des Sophokles ankündigt, die Lowry seinem *Vulkan* als Epigraph voranstellte: *Vieles ist wunderbar, aber nichts ist wunderbarer als der Mensch.*

Anmerkungen

Zitiert wird, wo immer möglich, aus den veröffentlichten Übersetzungen ins Deutsche. Alle übrigen Original-Zitate wurden von mir übertragen. Es werden folgende Abkürzungen verwendet:

B   Malcolm Lowry: Briefe. Übersetzer: Werner Schmitz. Reinbek 1985
D   Douglas Day: Malcolm Lowry. A Biography. New York 1973
G   Malcolm Lowry: Dunkel wie die Gruft, in der mein Freund begraben liegt. Übersetzer: Werner Schmitz. Reinbek 1985
H   Malcolm Lowry: Hör uns, o Herr, der Du im Himmel wohnst. Übersetzer: Susanna Rademacher. Reinbek 1979
LA   Malcolm Lowry: Die letzte Adresse. Übersetzer: Martin Kluger. Frankfurt a. M. 1977
M   Malcolm Lowry: Fünfunddreißig Mescals in Cuautla. Übersetzer: Joachim Sartorius. Reinbek 1983
N   Malcolm Lowry: Die letzte Adresse und Erzählungen aus dem Nachlaß. Übersetzer: Susanna Rademacher und Joachim Sartorius. Reinbek 1986
OF   Malcolm Lowry: Oktoberfähre nach Gabriola. Übersetzer: Susanna Rademacher. Reinbek 1981
Rem   Gordon Bowker (Hg.): Malcolm Lowry Remembered. London 1985
S   Joachim Sartorius (Hg.): Spinette der Finsternis – Über Malcolm Lowry. Reinbek 1984
U   Malcolm Lowry: Ultramarin. Übersetzer: Werner Schmitz. Reinbek 1982
UdV   Malcolm Lowry: Unter dem Vulkan. Übersetzer: Susanna Rademacher, durchgesehen von Karin Graf. Reinbek 1984

1 M 131
2 OF 219
3 OF 244
4 B 93
5 Horkheimer/Adorno: Dialektik der Aufklärung. Frankfurt a. M. (S. Fischer) 1971. 28
6 UdV 55
7 B 113
8 G 6
9 G 36
10 Conrad Aiken in: The Times Literary Supplement, 16. Februar 1967
11 M 23
12 B 289
13 B. Wood (Hg.): Malcolm Lowry. The Writer and His Critics. Ottawa 1980. VII
14 G. Bowker in: The Times Higher Education Supplement, 25. November 1983

15 B 419

16 G 280

17 G 280

18 G 284

19 Vgl. die drei Übersetzungen von UdV: 1951, 1963, 1984

20 Schreibheft – Zeitschrift für Literatur 23. 127

21 Schreibheft 23. 76

22 So R. H. Costa in: A. Smith (Hg.): The Art of Malcolm Lowry. London 1978. 38

23 B 123

24 UdV 55

25 B 439

26 M. C. Bradbrook: Malcolm Lowry: His Art and Early Life. London 1974. 10

27 G 72

28 M 21

29 B 321

30 H 297

31 H 28

32 LA 17

33 B 313

34 Malcolm Lowry: Psalms and Songs. Margerie Lowry (Hg.). New York 1975. 234. Tatsächlich schrieb Marx «Das Kapital» in London

35 UdV 33

36 D 77 – Vollständig ins Deutsche übersetzt in: Schreibheft 31 (1988)

37 So Russell Lowry in: A. Smith, The Art of M. L.

38 C. Knickerbocker: Swinging the Paradise Street Blues. The Paris Review 36/1966. 25

39 G 35

40 Rem 18

41 Rem 62 f

42 U 28

43 UdV 428

44 G 315

45 G 311

46 S 238

47 H 87

48 M 141

49 UdV 409

50 OF 23

51 B 327

52 M 177

53 B 341

54 Vgl. B 464

55 A. Rimbaud: Eine Zeit in der Hölle. Stuttgart (Reclam) 1984. 37

56 B 258

57 OF 319

58 H 139

59 G 177

60 M. C. Bradbrook: ML. a. a. O. 110

61 OF 34

62 Malcolm Lowry Newsletter 11/1982. 7

63 UdV 34

64 Abgedruckt in: Psalms and Songs

65 Vgl. Malcolm Lowry: The Real Mr. Chips. in: Malcolm-Lowry-Newsletter 11

66 Abgedruckt in: M. C. Bradbrook: ML. a. a. O.

67 Abgedruckt ebd.

68 B 99

69 M 85

70 D 91

71 H 28

72 U 5

73 D 91

74 UdV 409

75 OF 266

76 Vgl. M. C. Bradbrook: Lowry and Some Cambridge Literary Friends. In: Proceedings of the London Conference on M. L. 1984. 11 f

77 B 587

78 B 324

79 B 597

80 N 117

81 B 27

82 S 13

83 S 13

84 OF 33

85 UdV 218

86 B 54
87 N. Grieg: Und das Schiff geht wei-
    ter. Leipzig 1927. 122
88 B 39
89 B 39
90 N 120
91 B 29
92 Rem 56
93 U 103
94 S 241
95 UdV 217
96 D 150
97 B 155
98 B 107
99 U 17
100 Gottfried Benn: Doppelleben. In:
    Gesammelte Werke Bd. IV. Wies-
    baden 1961. 163 f
101 U 20
102 U 98
103 U 21
104 U 28
105 U 187
106 U 184
107 U 198
108 U 45
109 U 23
110 U 43
111 U 218
112 U 200
113 U 71
114 UdV 202
115 U 103
116 U 103
117 U 186
118 H 185
119 N 123
120 Vgl. Rem: C. Lorenz: Call It Mis-
    adventure. 82 f
121 LA 23
122 Rem 98
123 LA 21
124 B 357
125 M 132/133
126 G 41
127 LA 9
128 B 375
129 B 50
130 LA 10
131 LA 10
132 LA 71
133 B 155
134 UdV 6
135 Vgl. D. Benham: Lowry's Purga-
    tory. In: G. Woodcock (Hg.),
    M. L.: The Man and His Work.
    Vancouver 1971. 56
136 Rimbaud: Eine Zeit, a. a. O. 99
137 LA 17
138 LA 80
139 LA 50
140 LA 63
141 LA 63
142 LA 90
143 LA 102 f
144 LA 93
145 LA 91
146 LA 83
147 LA 105
148 LA 110
149 M 45
150 UdV 31
151 H 39
152 M 35
153 M 35
154 B 100
155 H 112
156 B 302
157 G 163
158 M 51
159 OF 317
160 H 88
161 H 88
162 G 55
163 UdV 72
164 S 248
165 Vgl. Jan Gabriel: Not with a Bang.
    Story Magazine 1946
166 UdV 77
167 UdV 402
168 M 45
169 B 33
170 B 34
171 B 34 f
172 B 34
173 G 38

174 G 173
175 M 46
176 B 35
177 G 190 f
178 G 277
179 G 280
180 UdV 166
181 G 125
182 M 184
183 B 88
184 UdV 393
185 S 253
186 G 205
187 M 111
188 G 79
189 B 45
190 B 191
191 G 168
192 B 47
193 B 53
194 G 65
195 H 234
196 OF 76
197 Schreibheft 28. 19
198 H 238
199 H 244
200 G 32
201 H 292
202 H 231
203 H 243
204 OF 170
205 G 65
206 B 400
207 B 367
208 UdV 326
209 H 190
210 UdV 163
211 G 40
212 LA 73
213 B 322
214 B 120
215 B 95
216 B 322
217 M 105
218 H 247
219 B 251
220 OF 156
221 B 75

222 Vgl. dazu V. Doyen: Die Entste-
     hungsgeschichte von UdV. 96 f
223 B 90
224 «The Shapes That Creep» und
     «The Last Twist of the Knife», vgl.
     dazu B 161 f
225 B 96
226 B 93
227 B 93
228 B 175
229 G 49
230 M 57
231 G 209
232 G 211
233 Schreibheft 23. 71
234 G 310
235 H 27
236 G 129
237 B 85
238 B 526 f
239 G 184
240 B 122
241 B 104
242 B 122
243 B 107
244 B 95
245 UdV 4
246 S 119
247 H 40
248 B 305 f
249 Vgl. J. H. Woolmer: ML. A Bi-
     bliographie. Pennsylvania 1983.
     16
250 UdV 9 f
251 B 104
252 B 98
253 UdV 65
254 UdV 117
255 B 98
256 UdV 136
257 Schreibheft 23. 66
258 B 325
259 B 88
260 Ronald Binns: ML. London 1984.
     31
261 B 123
262 UdV 40
263 B 95

264 Schreibheft 28. 30
265 Schreibheft 23. 69
266 Schreibheft 23. 67
267 Schreibheft 23. 64
268 Siehe den Übersetzungsvergleich im: Schreibheft 23. 102 f
269 UdV 95
270 B 334
271 B 249
272 B 86
273 B 86
274 B 111
275 B 260
276 N 141
277 B 114
278 UdV 89
279 UdV 23
280 UdV 22
281 UdV 331
282 UdV 443
283 B 261
284 UdV 181
285 UdV 445
286 B 110
287 H 88
288 B 110
289 B 106
290 UdV 50
291 B 259
292 UdV 444
293 UdV 9
294 B 116
295 M. Cripps: Lost in the Wilderness: The Puritan Theme in UdV. In: English Studies in Canada 4 / 1984. 461
296 H 84
297 M 99
298 UdV 376
299 G 74
300 OF 44
301 OF 322
302 B 91
303 M 179
304 B 28
305 B 503
306 D 189
307 B 545
308 M 179
309 Vgl. S. E. Grace: The Voyage that never ends. M. L.'s Fiction. Vancouver 1982. 8
310 Grace: The Voyage, a. a. O. 11
311 B 200
312 B 410
313 B 344
314 Grace: The Voyage, a. a. O. 62
315 G 69
316 OF 200
317 B 274
318 B 274
319 B 274
320 G 198
321 UdV 25
322 Vgl. Rem 211
323 G 36 f
324 H 281 f
325 B 431
326 B 394
327 G 208
328 G 313
329 B 350 f
330 OF 267
331 B 344
332 B 401
333 H 27
334 H 149
335 H 21
336 B 325
337 B 415
338 Vgl. Grace: The Voyage, a. a. O. 10
339 B 54
340 B 343
341 Schreibheft 23. 98
342 H 233
343 B 429
344 B 606
345 B 605
346 B 429
347 B 606
348 Deutsch im: Schreibheft 28
349 B 606
350 B 410
351 H 44
352 H 275

353 H 209
354 H 209
355 H 41
356 B 346
357 H 244
358 H 287
359 H 298
360 B 264
361 B 264
362 B 266
363 B 267
364 Malcolm and Margerie Lowry: . . .
A Sort Of preface To A Film-
script. white pelican 1974. 13
365 white pelican 1974. 13
366 white pelican 1974. 13
367 B 265
368 B 267
369 B 265
370 B 265
371 B 263
372 B 265
373 B 548
374 B 285
375 B 295
376 B 295
377 B 286
378 Vgl. Brief an D. Markson vom
20. Juni 1951 in: Woodcock, ML.
a. a. O. 116
379 B 371
380 B 468
381 H 237
382 UdV 36
383 B 389
384 H 78
385 B 438 f
386 B 439
387 Rem 189
388 B 456
389 B 452
390 B 462
391 Rem 169
392 B 459
393 B 459
394 H 88
395 G 215
396 B 429

397 Vgl. Grace: The Voyage, a. a. O.
95
398 B 424
399 Vgl. A. Kilgallin: The Long
Voyage Home: October Ferry to
Gabriola. In: Woodcock, ML.
a. a. O. 80
400 B 54
401 B 431
402 B 424
403 B 439
404 B 442
405 OF 251
406 OF 246
407 Grace: The Voyage, a. a. O. 76
408 OF 340
409 Vgl. Grace: The Voyage, a. a. O.
76
410 OF 345
411 OF 347 f
412 H 285
413 B 284
414 B 295
415 B 283
416 OF 198
417 OF 205
418 B 464
419 OF 219
420 UdV 420
421 B 283
422 H 292
423 G 39
424 OF 245
425 H 292
426 OF 17
427 H 297
428 OF 244
429 OF 188
430 M 11
431 OF 337
432 S 50
433 S 50
434 B 481
435 D 36
436 B 485
437 B 488 f
438 B 490
439 B 491

440 B 491
441 B 493
442 B 509
443 B 353
444 Vgl. D 39
445 B 511
446 H 297
447 OF 284
448 OF 283
449 B 510
450 S 267
451 M 45
452 B 345
453 N 149
454 N 149

455 N 152
456 N 152
457 N 152
458 B 358
459 M 141
460 LA 51
461 M 71
462 Vgl. Herman Melville: Moby Dick. München 1964. 585
463 M 68
464 G 315
465 N 138
466 B 505
467 H 43
468 UdV 132

Zeittafel

1909	Am 28. Juli wird Clarence Malcolm Lowry als vierter Sohn des Kaufmanns Arthur Osborne Lowry und seiner Frau, der Kapitänstochter Evelyn, geb. Boden, in Wallasey, Grafschaft Cheshire, England, geboren.
1911	Umzug der Familie in das Haus Inglewood, Caldy, Wirral.
1915–1923	Malcolm Lowry besucht die örtliche Schule, dann Caldicott, Hitchin, südwestlich von Cambridge.
1923	Übertritt zur Leys School, Cambridge. Erste Erzählungen, Gedichte und Sportreportagen in der Schulzeitung «The Leys Fortnightly». Lowry begleitet das Hockeyteam der Schule nach Frankreich.
1927	Nach Beendigung der Schulzeit halbjährige Seereise als Schiffsjunge in den Fernen Osten.
1928	Absolvent der Weber's School of Modern German in Bonn, Koblenzer Str. 100.
1929	Im Sommer sucht Lowry den amerikanischen Schriftsteller Conrad Aiken (1899–1973) in Cambridge, Massachusetts, auf und schließt mit ihm eine lebenslange Freundschaft. Im Herbst Beginn des Studiums der englischen Literatur am St. Catherine's College in Cambridge, England.
1930	Fahrt nach Norwegen, um Nordahl Grieg (1902–43) zu treffen. Veröffentlichungen in den Studentenzeitschriften «The Venture», «Experiment» und in «Cambridge Poetry 1930».
1932	*Ultramarin* wird als Examensarbeit angenommen; Abschlußprüfung (English Tripos, Class III). Aufenthalte in London und Paris.
1933	Mit Conrad und Clarissa Aiken in Spanien, wo Lowry die Amerikanerin Jan Gabriel (geb. 1911) kennenlernt. Im November erscheint *Ultramarin* bei Jonathan Cape in London.
1934	6. Januar: Eheschließung mit Jan Gabriel in Paris. Es entstehen Erzählungen. Im Sommer reist Jan nach New York, wohin ihr Lowry im Oktober nachfolgt.
1935	Nach einer Behandlung im Bellevue Hospital erste Fassung von *Lunar Caustic* (*Die letzte Adresse*).
1936	Reise über Los Angeles nach Mexiko. In Cuernavaca, Calle de Humboldt (im *Vulkan*: Nicaragua), beginnt Lowry *Unter dem Vulkan* zu schreiben.

1937	Zerwürfnis des Paares. Nachdem ihn Jan verlassen hat, reist Lowry auf der Suche nach Zechgenossen durch Mexiko (Oaxaca, Mexico City, Acapulco).
1938	Juli: Rückreise in die USA (Los Angeles).
1939	Zusammentreffen mit Margerie Bonner (geb. 1905), die Lowry nach Vancouver, Kanada, begleitet. Die Zeitung «Vancouver Daily Province» druckt drei Feuilletons von Lowry.
1940	Einzug in eine Squatterhütte am Strand von Dollarton, British Columbia. 2. Dezember: Hochzeit mit Margerie. Arbeit an *Unter dem Vulkan* und an Lyrik.
1944	7. Juni: Lowrys Hütte brennt. Verlust zahlreicher Manuskripte, darunter *In Ballast to the White Sea*. Vorübergehender Aufenthalt in Niagara-on-the-Lake, wo *Unter dem Vulkan* vollendet wird.
1945	Wiederaufbau der Hütte. November: Zweite Reise nach Mexiko. In Cuernavaca beziehen Margerie und Malcolm Lowry eine Wohnung in dem Gebäude (Calle de Humboldt 17?), das im *Vulkan* als Laruelles Haus beschrieben wird.
1946	6. April: Annahme von *Unter dem Vulkan* durch die Verlage Jonathan Cape (London) und Reynal & Hitchcock (New York). Mai: Nach Problemen mit den mexikanischen Behörden werden die Eheleute ausgewiesen. Dezember: Reise in die Karibik.
1947	Februar: In Anwesenheit des Autors wird in New York *Unter dem Vulkan* vorgestellt. In den Zeitschriften «Canadian Poetry Magazine» und «Contemporary Verse» erscheinen Gedichte von Malcolm Lowry.
1948	Europa-Reise: Frankreich, Italien, England.
1949	Erste Übersetzungen von *Unter dem Vulkan* in Frankreich, Dänemark und Norwegen. Zurück in Dollarton arbeitet Lowry gleichzeitig an: *Dunkel wie die Gruft, in der mein Freund begraben liegt, La Mordida* (422 Schreibmaschinenseiten), Erzählungen (*Hör uns, o Herr, der Du im Himmel wohnst*) und, gemeinsam mit Margerie, an einem Drehbuch zu F. Scott Fitzgeralds Roman «Zärtlich ist die Nacht». Bei einem Sturz von seinem Pier zieht sich Lowry eine Rückgratfraktur zu. Noch im Krankenhaus macht er sich Notizen zu *Die Prüfung des Sigbjørn Wilderness* (*The Ordeal of Sigbjørn Wilderness*).
1950	In «United Nations World» erscheint der Essay *Garden of Etla*.
1951	In Stuttgart bringt Klett *Unter dem Vulkan* in der Übersetzung von Clemens ten Holder heraus.
1952	Verlagswechsel zu Random House. Beginn der Arbeiten an dem Roman *Oktoberfähre nach Gabriola*.
1953	Die Erzählung *Seltsamer Trost, den der Beruf gewährt* erscheint in «New World Writing».
1954	«Partisan Review» veröffentlicht die Erzählung *Das tapferste Boot*. Random House trennt sich von Lowry, dem Vertragsbruch vorgeworfen wird. Das Ehepaar verläßt Dollarton und übersiedelt nach Europa (Sizilien).
1955	Psychiatrische Behandlung im Atkinson Morley's Hospital, Wim-

bledon, England. Der Patient wird als unheilbarer Alkoholiker entlassen.

1956 In den Februar-, März- und April-Ausgaben druckt die Zeitschrift «L'Esprit», Paris, Clarisse Francillons *Lunar Caustic*-Übersetzung: *Le caustique lunaire*.

Die Lowrys beziehen das «White Cottage» in Ripe, Sussex. Fortsetzung der Arbeit an *Oktoberfähre* und *Hör uns, o Herr*.

1957 27. Juni: Malcolm Lowry wird tot von Margerie aufgefunden. Eine Untersuchung deutet die Schlafmittelvergiftung als Unglücksfall. 5. Juli: Beerdigung auf dem Friedhof von St. John the Baptist in Ripe.

In den folgenden Jahren erscheinen die meisten Arbeiten aus Lowrys Nachlaß, vom Umfang her der größere Teil des Gesamtwerks.

Zeugnisse

Margerie Bonner-Lowry
Ich bin nicht blind gegenüber Malcolms Fehlern als Schriftsteller. Sein erstaunliches Bewußtsein von der Dichte des Lebens, seinen Schichten, Tiefen, Abgründen, die alle miteinander verschachtelt sind, bewirkt, daß er eine Symphonie schreibt, wo jeder andere eine Sonate oder höchstens ein Concerto geschrieben hätte, und dadurch erscheint sein Werk manchmal zerstreut, während in Wahrheit Form und Inhalt so unentwirrbar eins aus dem anderen hervorgegangen sind, daß sie nicht mehr aufzulösen sind. Dazu kommt, zum Beispiel, daß er als Romanschriftsteller in gewissem Ausmaß durch sein individuelles poetisches Talent eingeschränkt ist, so daß ich bezweifle, ob er je ein großer «Charakter»-Schriftsteller sein könnte.

Brief an Hal Matson, 10. August 1945

Alfred Kazin
Als ich mit Ihnen über meine Schwierigkeiten mit den ersten Seiten von *Unter dem Vulkan* sprach, hatte ich ja keine Ahnung, daß mich dieses Buch schließlich dermaßen überwältigen würde. Die letzten Seiten habe ich mit einem Gefühl visionären Schauderns gelesen, als sei ich zum letzten Akt einer großen Tragödie gelangt. Das Buch zählt zweifellos zu den eigenwilligsten und kreativsten Romanen unserer Zeit. Ich möchte Lowry huldigen – dies um so mehr, als dieses Buch so überaus deutlich von besonnener Selbstbeherrschung zeugt. Seine Fähigkeit, die verschiedenen Bewußtseinsebenen und die Wirkung der Landschaft Mexikos darauf als ein Stadium der menschlichen Seele in einer einzigen Textstruktur zu vermitteln, scheint mir eine der bemerkenswertesten Leistungen in der modernen Literatur zu sein. Ich glaube aber auch zu begreifen, daß dies nicht nur eine überaus konsistente Geschichte vom Verfall eines Mannes ist, sondern auch eine positive Verteidigung fundamentaler menschlicher Werte und Hoffnungen darstellt: und daß es im besten Sinne ein Roman von der Politik des Menschen ist.

Brief an Albert Erskine, 6. Januar 1947

James Agee
Was mich besonders beeindruckt, ist das, was er hinsichtlich Intensität und Wucht geleistet hat. Wenige Romanschriftsteller heutzutage, auch die angesehensten nicht, können etwas vorweisen, was seiner Bedeutung und Fähigkeit in diesen beiden Punkten gleichkommt.

Brief an Albert Erskine, 11. Februar 1947

Jacques Barzun
Mr. Malcolm Lowrys *Unter dem Vulkan* erscheint mir ebenso geschmacklos wie unecht. Auf der Seite der Sittlichkeit stehend, ist Mr. Lowry eifrig bemüht, uns mit Ekel vor dem subtropischen Laster zu erfüllen. Er zeigt dies durch einen langanhaltenden Ausstoß all der Materialien, die er in «Ulysses» und «Fiesta» gefunden hat. Doch während er die Eigenarten von Joyce, Dos Passos und Sterne nachahmt, gibt er uns Herz und Geist von Sir Philip Gibbs... Mr. Lowry hat auch andere Momente; geliehen von anderen modischen Stilen, von Henry James, Thomas Wolfe, den Gedankenstromschreibern, den Surrealisten. Empfehlen kann man seinen Roman nur als eine Anthologie, die von einiger Ernsthaftigkeit zusammengehalten wird.

«Harper's Magazine», Mai 1947

Wolfgang Koeppen
Unter dem Vulkan kommt dem Leser überhaupt nicht entgegen. Es ist ein intellektuelles Buch, ein Roman für die Intellektuellen, fast könnte man sagen ein Werk für Literaten, es ist voll von Bildung, Zitaten, Lese-Anspielungen, Zweifel und Bitterkeit, ein Gesang hirnlicher Verzweiflung, ein Bericht vom Scheitern, eine Tiefenlotung der Seele, eine Entblößung des Herzens und der Gefühle... Der Leser wird nicht geleitet. Keine fortlaufende Handlung fesselt ihn. Die Erzählung stockt, retardiert, verschlingt sich in überaus künstlichen Knoten. Das erste Kapitel ist überhaupt erst zu verstehen, wenn man das ganze Buch gelesen hat. Dann empfindet man es allerdings als eine vollkommene und großartige Ouvertüre. Der Roman ist atemlos erzählt. Aber der stockende Atem hat den bewegenden, den brennenden Hauch der großen Dichtung. Das Buch berauscht. Die Worte fallen wie ein Katarakt über den Leser und machen trunken. Doch erheben sie auch.

«Die Kultur», Februar 1955

Lawrence Ferlinghetti
Gedämpftes Lachen. Wortfetzen treiben vorbei. Ich sehe, wie sich die Palmkronen wiegen und mit ungeheurem Rauschen den Himmel fegen. Noch bewegen sich die hölzernen Wolken nicht. High School-Boys gehen vorüber. Sie lachen und balgen sich hinter dem runden Musikpavillon. «Arschlöscher mit Krawatten fallen von den Bäumen.» Das Gespenst

Malcolm Lowrys schleicht hinter einem Busch hervor und trägt eine Tafel mit der Aufschrift:

Le Gusta Este Jardin?	Gefällt Euch dieser Garten?
Que Es Suyo?	Gehört er Euch?
Evite Que Sus Hijos	Verhindert, daß Eure Söhne
Lo Destruyan!	ihn zerstören!
... etcetera.	... usw.

«Mexikanische Nacht», 1962

Michael Krüger

Er war nicht zu retten. Um sein Werk zu schreiben, mußte er sich opfern. So ist es nicht verwunderlich, wenn er nach der Veröffentlichung seines *Vulkan*, diesem endlich nach unmenschlichen Mühen vollendeten «Beweis» seiner Potenz, ein Gedicht schreibt, das ihn als Opfer beschreibt. Der Roman, der ihn unsterblich gemacht hat, hat seinen Erzeuger vernichtet.

«Die Zeit», 9. September 1983

Luis Buñuel

Mehrmals haben mir amerikanische und europäische Produzenten angeboten, *Unter dem Vulkan* von Malcolm Lowry zu verfilmen, der zur Gänze in Cuernavaca spielt. Ich habe das Buch immer wieder gelesen, um auf eine wirklich filmische Lösung zu kommen. Die äußere Handlung wirkt, wenn man nur sie beibehält, ausgesprochen banal. Alles geht im Innern der Hauptperson vor. Aber wie sollte man die Konflikte der Innenwelt in Bilder umsetzen? Ich habe acht verschiedene Drehbuchfassungen gelesen. Keine hat mich überzeugt. Wie ich weiß, hat die Schönheit des Buches außer mir noch andere Regisseure gereizt – und alle haben bisher aufgegeben.

«Mein letzter Seufzer – Erinnerungen», 1983

Gabriel García Márquez

Under the Volcano ist vielleicht der Roman, den ich am häufigsten in meinem Leben gelesen habe. Ich wünschte, ich müßte ihn nicht wieder lesen. Aber ich weiß, das ist unmöglich, denn ich werde nicht ruhen, bis ich entdeckt habe, wo sein Zauber verborgen ist.

«Malcolm Lowry Newsletter» Nr. 14, 1984

Wolfgang Rohner-Radegast

Dieser Roman *Under the Volcano* war wohl die gewaltigste Apokalypse, die unser Zeitalter bis heute gesehen hatte. Mit ihm begann ein neues Zeitalter, das des Kampfes der Liebe, welche die Dichter kennen, gegen den Ungeist der Zerstörung.

«Schreibheft – Zeitschrift für Literatur» Nr. 23, 1984

ZEICHEN DER ZEIT

1909

Malcolm Lowry wird geboren,
sein König Eduard VII. . . .

...besucht Berlin, aber nicht das erste Sechstagerennen. Das niederländische Königshaus freut sich über die Geburt der Prinzessin Juliana, sie wird später in Berlin studieren. Der Schah von Persien muß nach Aufständen in die Verbannung gehen.

Neben neuen Verbrauchssteuern gibt es in Deutschland Gesetze über den Kraftfahrzeugverkehr und gegen den unlauteren Wettbewerb sowie eine erste Sozialstatistik.

Der deutsche Postscheckverkehr wird eröffnet, die Reichsbanknoten werden gesetzliches Zahlungsmittel. Den Pfandbrief gibt es seit 140 Jahren.

Pfandbrief und Kommunalobligation

Meistgekaufte deutsche Wertpapiere - hoher Zinsertrag - bei allen Banken und Sparkassen

Verbriefte  Sicherheit

Anthony Burgess
Man kann wohl sagen, daß «Ulysses» im Jahre 1947 von einer aufge-
schlossenen Leserschaft und den Verlegern voll akzeptiert war; demgegenüber muß man nur einmal Lowrys Briefwechsel mit seinem Verleger
lesen, um zu sehen, wie wenig seine künstlerischen Ziele verstanden worden sind. Am Ende des Jahrhunderts wird man möglicherweise erkennen, daß *Unter dem Vulkan* eines der wenigen wirklichen Meisterwerke
dieses Zeitalters ist.

«99 novels: the best in English since 1939», 1984

Eberhard Falcke
Gegen das Nichts der bewußtlosen Verzweiflung, in dem sein Leben zu
verschwinden drohte, bot Lowry die Selbstreflexion des Schreibens auf.
Seine Texte sind Versuche der Rekonstruktion, der Anamnese, der
Selbstvergewisserung. Beim Schreiben ging es ihm darum, das Leben zu
gewinnen und einen Platz unter den Menschen. In der Reflexion über die
literarische Form suchte seine Einsamkeit nach den Formeln ihrer Ver-
mittlung zur Welt, nach der Kommunikation mit der Menschheit.

Selbstverlust, Dissoziation, Dekonstruktion – diese Leseabenteuer
vernunftskritischer Zirkel waren für Lowry katastrophale Wirklichkeit.
Es hieße seine Sehnsucht nach dem Überleben und die Arbeit seines Bewußtseins zu desavouieren, würde man im Starren auf den «Riß», der ihn
zeichnete, die Konstruktionen zur Überwindung des Traumas vernachläs-
sigen.

«Süddeutsche Zeitung», 9. Oktober 1985

Joachim Sartorius
Er verpaßte sich mit seiner Feder
keine Zärteleien
Nie trocknete die Tinte auf den
schlimm geflickt durchstrichnen Seiten
Er verpaßte sich seine Existenz
(statt sich an ihr zu rächen)
bis sein Buch ihn schrieb
Darin gefiel er sich
Das war sein Genießen

Aus: «Von der Zierde des Strudels – an Malcolm Lowry», 1984

Bibliographie

1. Bibliographische Hilfsmittel

NEW, WILLIAM H.: Malcolm Lowry – A Reference Guide. Boston (Massachusetts) 1978 [Die ausführlich kommentierte Bibliographie wird laufend ergänzt in: The Malcolm Lowry Review (früher: Malcolm Lowry Newsletter) des Department of English, Wilfrid Laurier University, Waterloo, Ontario]

WOOLMER, J. HOWARD: Malcolm Lowry. A Bibliography. Revere (Pennsylvania) 1983 [Woolmer beschreibt jede Buchveröffentlichung Lowrys. Abgedruckt sind Schutzumschlag, Titel- und Copyrightseite. Aufgelistet sind 22 Lowry-Texte in Büchern sowie 224 Zeitschriftenbeiträge]

2. Werke: Erstauflagen, Taschenbuchausgaben, deutsche Übersetzungen

a) Romane

«ULTRAMARINE». London (Jonathan Cape) 1933. Revidierte Ausgabe: Philadelphia (Lippincott) 1962. Penguin Books 1974; deutsch von WERNER SCHMITZ: «Ultramarin». Reinbek (Rowohlt) 1982 (= dnb 167)

«UNDER THE VOLCANO». New York (Reynal & Hitchcock) 1947. London (Jonathan Cape) 1947. Penguin Books 1962; deutsch von CLEMENS TEN HOLDER: «Unter dem Vulkan». Stuttgart (Klett) 1951; in der Übersetzung von SUSANNA RADEMACHER, Reinbek (Rowohlt) 1963; durchgesehen von KARIN GRAF, Reinbek (Rowohlt) 1984 (= Gesamtwerk in Einzelausgaben)

«DARK AS THE GRAVE WHEREIN MY FRIEND IS LAID». Ed. DOUGLAS DAY and MARGERIE LOWRY. New York (New American Library) 1968. Penguin Books 1972; deutsch von WERNER SCHMITZ: «Dunkel wie die Gruft, in der mein Freund begraben liegt». Reinbek (Rowohlt) 1985 (= dnb 178)

«October Ferry to Gabriola». Ed. MARGERIE LOWRY. New York (World Publishing Company) 1970. Penguin Books 1979; deutsch von SUSANNA RADEMACHER: «Oktoberfähre nach Gabriola». Reinbek (Rowohlt) 1981 (= dnb 157)

b) Kurzgeschichten

«The Light That Failed Not». The Leys Fortnightly 861 (Cambridge). 13 March 1925, 165–167

«Travelling Light». The Leys Fortnightly 865. 18 June 1925, 255–257

«The Blue Bonnet». The Leys Fortnightly 869. 9 October 1925, 5–7

«A Rainy Night». The Leys Fortnightly 870. 23 October 1925, 35–40; ebenso in: BRADBROOK, M. C.: Malcolm Lowry – His Art and Early Life. London 1974, 138–144

«Satan In A Barrel». The Leys Fortnightly 876. 12 February 1926, 134–138; ebenso in: BRADBROOK, M. C.: Malcolm Lowry. ebd. 144–150

«The Repulsive Tragedy Of The Incredulous Englishman». The Leys Fortnightly 882. 4 June 1926, 255–259

«Port Swettenham». Experiment 5 (February 1930), 22–26

«Goya The Obscure». The Venture 6 (June 1930), 270–278

«Punctum Indifferens Skibet Gaar Videre». Experiment 7 (1931), 62–75

«On Board The West Hardaway». Story 3 (October 1933), 12–22

«In Le Havre». Life and Letters 10 (July 1934), 462–466

«Hotel Room In Chartres». Story 3 (October 1933), 12–22; deutsch von JOACHIM SARTORIUS in: Lowry, Malcolm: «Die letzte Adresse und Erzählungen aus dem Nachlaß». Reinbek (Rowohlt) 1986 (= dnb 179)

«How Now, Brown Cow». The Leys Fortnightly 1139. 24 July 1943, 103; ebenso in: The Malcolm Lowry Review 16 (1985), 5–6

«Economic Conference 1934». Arena 2 (1949), 49–57

«Strange Comfort Afforded By The Profession». New World Writing 3 (1953), 331–344; deutsch von SUSANNA RADEMACHER in: Lowry, Malcolm: «Hör uns, o Herr, der Du im Himmel wohnst» (Erzählungen). Reinbek (Rowohlt) 1965

«The Bravest Boat». Partisan Review 21 (1954), 275–288; deutsch von SUSANNA RADEMACHER in: Lowry, Malcolm: «Hör uns, o Herr, der Du im Himmel wohnst»

«Hear us O Lord from heaven thy dwelling place». Philadelphia (Lippincott) 1961; deutsch von SUSANNA RADEMACHER: «Hör uns, o Herr, der Du im Himmel wohnst» (Erzählungen). Reinbek (Rowohlt) 1965; 1979 als: das neue buch 121; enthält die Erzählungen: «Das tapferste Boot», «Durch den Panamakanal», «Seltsamer Trost, den der Beruf gewährt», «Elefant und Kolosseum», «Pompeji heute», «Gin und Goldrute», «Der Waldpfad zur Quelle»

«Lunar Caustic» (Ed. EARLE BIRNEY and MARGERIE LOWRY). Paris Review 29 (1963), 15–72. London (Jonathan Cape) 1968; Penguin Books 1969; deutsch von MARTIN KLUGER: «Die letzte Adresse» Frankfurt a. M. (Suhrkamp) 1977; in der Übersetzung von SUSANNA RADEMACHER, durchgesehen von JOACHIM SARTORIUS: «Die letzte Adresse und Erzählungen aus dem Nachlaß». Reinbek (Rowohlt) 1986

«Bulls Of The Resurrection». Prism International 5 (1965), 5–11

«Ghostkeeper». American Review 17 (May 1973), 1–34; deutsch von WERNER SCHMITZ: «Henrik Ghostkeeper». Schreibheft – Zeitschrift für Literatur 28 (1986), 19–36

«CHINA and KRISTBJORG'S STORY IN THE BLACK HILLS». New York (The Oliphant Press) 1974; deutsch von JOACHIM SARTORIUS in: «Die letzte Adresse und Erzählungen aus dem Nachlaß.» Reinbek 1986

«Psalms and Songs» (Ed. MARGERIE LOWRY). New York (New American Library) 1975; enthält die Erzählungen: «Seductio ad Absurdum», «Hotel Room in Chartres», «On Board the West Hardaway», «June the 30th, 1934», «China»,

«Under the Volcano» (Kurzgeschichte), «Ghostkeeper», «Enter One in Sumptuous Armour», «Kristbjorg's Story In the Black Hills», «Lunar Caustic»; teilweise übersetzt in: RADEMACHER/SARTORIUS: «Die letzte Adresse und Erzählungen aus dem Nachlaß». Reinbek 1986

c) Gedichte

«SELECTED POEMS of MALCOLM LOWRY» (Ed. EARLE BIRNEY). San Francisco (City Lights Books) 1962; in der um einige Gedichte erweiterten Übersetzung von JOACHIM SARTORIUS: «Fünfunddreißig Mescals in Cuautla». Gedichte. Englisch/Deutsch. Reinbek (Rowohlt) 1983 (= dnb 172)

Weitere Gedichte aus dem Konvolut «Der Leuchtturm zieht den Sturm an» wurden in Zeitschriften veröffentlicht, über die J. H. Woolmers Bibliographie Auskunft gibt (Contributions to Periodicals). – 16 dieser Gedichte in deutscher Übersetzung von HERIBERT HOVEN, JOACHIM SARTORIUS und WERNER SCHMITZ:
Malcolm Lowry: *Der verstummte Dichter*. Schreibheft – Zeitschrift für Literatur 31 (1988)

d) Briefe, Artikel, Essays

«Hollywood And The War». Vancouver Province. 12 December 1939; ebenso in: Malcolm Lowry Newsletter 11 (1982), 4–6
«The Real Mr. Chips». Vancouver Province. 13 December 1939; ebenso in: Malcolm Lowry Newsletter 11 (1982), 7–10
«Turvey» by Earle Birney (Buchbesprechung). Thunderbird 5 (December 1949), 24–26
«Garden of Etla». United Nations World 4 (June 1950), 45–47
«Preface to a Novel». Canadian Literature 9 (1961), 23–29; deutsch in: «Unter dem Vulkan». Reinbek 1983. 3–11
«THE SELECTED LETTERS of MALCOLM LOWRY» (Ed. HARVEY BREIT and MARGERIE LOWRY). Philadelphia (Lippincott) 1965. Capricorn Books 1969; deutsch von WERNER SCHMITZ: «Malcolm Lowry – Briefe». Reinbek (Rowohlt) 1985 (= dnb 175)
«Two Letters». Canadian Literature 44 (1970), 50–56
«A Few Items Culled From What Started Out To Be A Sort Of Preface To A Film-Script». white pelican 4 (1974), 5–19
«Notes on a Screenplay for F. Scott Fitzgerald's ‹Tender Is The Night›». Bloomfields Hills (Bruccoli Clark) 1976
«Der Briefwechsel Malcolm Lowry – Clemens ten Holder». Schreibheft – Zeitschrift für Literatur 23 (1984), 62–101

e) Manuskripte

Die meisten Lowry-Manuskripte befinden sich in der Special Collections Division der University of British Columbia Library, Vancouver, Kanada, welche auch ein Bestandsverzeichnis herausgibt: An Inventory To The Malcolm Lowry Manuscript Collections. Zusammengestellt von JUDITH O. COMBS (1973), erweitert von CYNTHIA SUGARS (1985)

3. Sekundärliteratur

a) Sammelbände

Die folgenden Sammelbände vereinigen wichtige und/oder verstreute Aufsätze. Diese sind nur zum Teil in der unter 3. b) folgenden Auswahlbibliographie wieder aufgeführt.

BOWKER, GORDON, und TIESSEN, PAUL (ed.): Proceedings of the London Conference on Malcolm Lowry 1984. University of London, Goldsmiths' College 1985

SARTORIUS, JOACHIM (Hg.): Spinette der Finsternis – Über Malcolm Lowry (Materialienband). Reinbek 1984 (= dnb 177)

SMITH, ANNE (ed.): The Art of Malcolm Lowry. New York/London 1978

WEHR, NORBERT: Malcolm Lowry und die Deutschen – Ein Dossier zu «Unter dem Vulkan». In: Schreibheft – Zeitschrift für Literatur 23 (1984), 41–131

WOOD, BARRY (ed.): Malcolm Lowry – The Writer and His Critics. Ottawa 1980

WOODCOCK, GEORGE (ed.): Malcolm Lowry – The Man and His Work. Vancouver 1971

b) Monographien, Aufsätze, Rezensionen

ACKERLEY, CHRIS und CLIPPER, LAWRENCE J.: A Companion to «Under the Volcano». Vancouver 1984

AIKEN, CONRAD: Ushant – An Essay. London 1952

AIKEN, CONRAD: Malcolm Lowry – A Note. In: Canadian Literature 8 (1961), 29–30; deutsch in: SARTORIUS, JOACHIM (Hg.): Spinette der Finsternis. (1984) 13–14

AIKEN, CONRAD: Malcolm Lowry. In: The Times Literary Supplement, 16 February 1967, 127

AIKEN, CONRAD: Selected Letters of Conrad Aiken. KILLORIN, JOSEPH (ed.). New Haven 1978

ARAC, JONATHAN: Karneval in «Unter dem Vulkan». In: SARTORIUS, JOACHIM (Hg.): Spinette der Finsternis. (1984) 128–146

BAREHAM, TERENCE: After the Volcano – An Assessment of Malcolm Lowry's Posthumous Fiction. In: Studies in the Novel 6 (1974), 349–362

BAREHAM, TONY: The Englishness of Malcolm Lowry. In: Journal of Commonwealth Literature 11 (1976), 134–149

BAREHAM, TONY: Paradigms of Hell – Symbolic Patterning in «Under the Volcano». In: WOOD, BARRY (ed.): Malcolm Lowry. (1980) 101–113

BARNES, JIM: The Myth of Sisyphus in «Under the Volcano». In: Prairie Schooner 42 (1969), 341–348

BAUER, JOSEPH: «Unter dem Vulkan». In: Das freie Wort, 26. Juli 1952

BECKOFF, SAMUEL: Monarch Notes on «Under the Volcano». New York 1975

BENHAM, DAVID: Lowry's Purgatory – Versions of «Lunar Caustic». In: WOODCOCK, GEORGE (ed.): Malcolm Lowry. (1971) 56–65

BINNS, RONALD: Lowry's Anatomy of Melancholy. In: Canadian Literature 64 (1975), 8–23

BINNS, RONALD: Materialism and magic in «Under the Volcano». In: Critical Quarterly 23 (1981), 21–32

BINNS, RONALD: Lowry and the Profession – Comfort, Discomfort, Strange Comfort. In: BOWKER/TIESSEN (ed.): Proceedings of the London Conference on Malcolm Lowry 1984. 62–71

BINNS, RONALD: Malcolm Lowry. New York/London 1984

BIRNEY, EARLE: Glimpses into the Life of Malcolm Lowry. In: Tamarack Review 19 (1961), 35–41

BIRNEY, EARLE: Against the Spell of Death. In: Prairie Schooner 37 (1964), 328–333

BONDY, FRANÇOIS: Malcolm Lowry, der unbekannte Große. In: Die Zeit, 16. August 1974; ebenso in: Schreibheft 23 (1984), 127–128

BOWERING, GEORGE: Bedrohtes Paradies – Malcolm Lowry und seine Jahre in Dollarton. In: Merian 6 (1987), 98

BOWKER, GORDON: The consul at sunset. In: The Times Higher Education Supplement, 25 November 1983

BOWKER, GORDON: Malcolm Lowry Remembered. London 1985

BRACHVOGEL, H. H.: Ein mythischer Roman. In: Telegraf (Berlin), 4. November 1957

BRADBROOK, MURIEL C.: Malcolm Lowry – His Art and Early Life. London 1974

BRADBROOK, MURIEL C.: Intention and Design in «October Ferry to Gabriola». In: SMITH, ANNE (ed.): The Art of Malcolm Lowry. (1978) 144–155

BRADBROOK, MURIEL C.: Lowry and Some Cambridge Literary Friends. In: BOWKER/TIESSEN (ed.): Proceedings of the London Conference on Malcolm Lowry 1984. 4–20

BRADBURY, MALCOLM: Malcolm Lowry as Modernist. In: Possibilities – Essays on the State of the Novel. London 1973, 181–191

BRITTAIN, DONALD: Vulkan – Drehbuch zu dem Dokumentarfilm über Leben und Tod des Malcolm Lowry (1976). In: SARTORIUS, JOACHIM (Hg.): Spinette der Finsternis. (1984) 236–269

BROMLEY, ROGER: Removing the Landmarks – Malcolm Lowry and the Politics of Cultural Change. In: BOWKER/TIESSEN (ed.): Proceedings of the London Conference on Malcolm Lowry 1984. 72–85

BURGESS, ANTHONY: «Under the Volcano» Malcolm Lowry. In: 99 Novels. New York 1984. 38

CAILLOUX, BERND G.: Last Order, Please! Leben und Werk Malcolm Lowrys. In: Schreibheft 16 (1981), 37–44

CAILLOUX, BERND G.: Die letzte Bestellung. In: Akzente 3 (1981), 229–234

CALDER-MARSHALL, ARTHUR: Malcolm Lowry – A Different Species. In: BOWKER/TIESSEN (ed.): Proceedings of the London Conference on Malcolm Lowry 1984. 21–37

CAREY, MAURICE J.: Life with Malcolm Lowry. In: WOODCOCK, GEORGE (ed.): Malcolm Lowry. (1971) 163–170

CARROY, JEAN-ROGER: De Melville à Lowry, et retour par nos abîmes. In: Les lettres nouvelles 2/3 (1974), 123–169

COMBS, JUDITH O.: Malcolm Lowry, 1909–1957 – An Inventory of His Papers in The Library of the University of British Columbia. Vancouver 1973; revised by: CYNTHIA SUGARS (1985)

CORRIGAN, MATTHEW: Malcolm Lowry, New York Publishing, and the «New Illite-racy». In: Encounter 35 (1970), 82–93

CORRIGAN, MATTHEW: The Writer as Consciousness – A View of «October Ferry to Gabriola». In: WOODCOCK, GEORGE (ed.): Malcolm Lowry. (1971) 71–77

CORRIGAN, MATTHEW: Malcolm Lowry – The Phenomenology of Failure. In: Boundary 2/3 (1975), 407–442

COSTA, RICHARD HAUER: The Lowry/Aiken Symbiosis. In: The Nation 204 (1967), 823–825

COSTA, RICHARD HAUER: Malcolm Lowry. New York 1972

COSTA, RICHARD HAUER: The Northern Paradise – Malcolm Lowry in Canada. In: Studies in the Novel 4 (1972), 165–172

COSTA, RICHARD HAUER: Review of Criticism. In: Modern Fiction Studies 18 (1973), 612–618

COSTA, RICHARD HAUER: «Under the Volcano» The Way it Was: A Thirty-Year Perspective. In: SMITH, ANNE (ed.): The Art of Malcolm Lowry. (1978) 29–45

COSTA, RICHARD HAUER: The Grisly Graphics of Malcolm Lowry. In: BOWKER/TIESSEN (ed.): Proceedings of the London Conference on Malcolm Lowry 1984. 98–106

CRIPPS, MICHAEL: «Under the Volcano» – The Politics of the Imperial Self. In: Canadian Literature 95 (1982), 85–99

CRIPPS, MICHAEL: Lost in the Wilderness – The Puritan Theme in «Under the Volcano». In: English Studies in Canada 10 (1984), 457–475

CROSS, RICHARD K.: Malcolm Lowry and the Columbian Eden. In: Contempo-rary Literature 14 (1973), 19–30

CROSS, RICHARD K.: «Moby-Dick» and «Under the Volcano» – Poetry from the Abyss. In: Modern Fiction Studies 20 (1974), 149–156

CROSS, RICHARD K.: Malcolm Lowry – A Preface to his Fiction. Chicago 1980

DAHLIE, HALLVARD: Lowry's Debt to Nordahl Grieg. In: Canadian Literature 64 (1975), 41–51

DAHLIE, HALLVARD: Malcolm Lowry and the Northern Tradition. In: Studies in Canadian Literature 1 (1976), 105–114

DAY, DOUGLAS: Preface to Lowry's: «Dark as the Grave wherein my Friend is Laid». New York 1968, IX-XXIII; deutsch in: LOWRY, MALCOLM: «Dunkel wie die Gruft, in der mein Freund begraben liegt». Reinbek 1985. 5–21

DAY, DOUGLAS: Malcolm Lowry – A Biography. New York 1973

DELEUZE, GILLES: Porzellan und Vulkan. Übersetzer: Schmidt, Rainer G. In: SARTORIUS, JOACHIM: Spinette der Finsternis. (1984) 63–72

DODSON, DANIEL B.: Malcolm Lowry. New York/London 1970

DOROZ, KRISTOFER: Malcolm Lowry's Infernal Paradise. Doctoral dissertation at the University of Uppsala (Uppsala) 1976

DOYEN, VICTOR: Elements Towards a Spatial Reading of Malcolm Lowry's «Under the Volcano». In: English Studies 50 (1969), 65–74

DOYEN, VICTOR: La genèse d'«Au-dessous du volcan». In: Les lettres nouvelles 2–3 (1974), 87–122; deutsch in: SARTORIUS, JOACHIM: Spinette der Finsternis. (1984) 96–127

DOYLE, MARGARET E.: Malcolm Lowry's Library. In: Malcolm Lowry Newsletter 9 (1981), 23–31

DURRANT, GEOFFREY: Death in Life – Neo-Platonic Elements in «Through the Panama». In: Canadian Literature 44 (1970), 13–27

DURRANT, GEOFFREY: Lowry and Aiken. In: Canadian Literature 64 (1975), 24–40

EDMONDS, DALE: The Short Fiction of Malcolm Lowry. In: Tulane Studies in English 15 (1967), 59–80

EDMONDS, DALE: «Under the Volcano»: A Reading of the «Immediate Level». In: Tulane Studies in English 16 (1968), 63–105

EPSTEIN, PERLE: The Private Labyrinth of Malcolm Lowry – «Under the Volcano» and the Cabbala. New York/Chicago/San Francisco 1969

EPSTEIN, PERLE: Swinging the Maelstrom – Malcolm Lowry and Jazz. In: Canadian Literature 44 (1970), 57–66

EPSTEIN, PERLE: «The Forest Path to the Spring»: An Exercise in Contemplation. In: SMITH, ANNE (ed.): The Art of Malcolm Lowry. (1978) 130–143

FALCKE, EBERHARD: Kampf ums Überleben des Bewußtseins – Malcolm Lowry in seinen Briefen und in einem nachgelassenen Roman. In: Süddeutsche Zeitung, 9. Oktober 1985, IX

FALK, DAVID: Beyond the Volcano – the religious vision of Malcolm Lowry's late fiction. In: Religion and Literature 16 (1984), 25–38

FALK, DAVID: Self and Shadow – The Brothers Firmin in «Under the Volcano». In: Texas Studies in Literature and Language 27 (1985), 209–223

FLOYER, MARK: The Ship Sails On – Lowry and Grieg. In: The Malcolm Lowry Review 19/20 (1987), 114–126

FRANCILLON, CLARISSE: Souvenirs sur Malcolm Lowry. In: Les lettres nouvelles 54 (1957), 588–603

GANZ, RAFFAEL: Am einbrechenden Kraterrand. In: Der Landbote (Sonntagspost), 3. Januar 1964

GASS, WILLIAM H.: Malcolm Lowry. In: The World Within the World. New York 1978, 16–38; deutsch in: SARTORIUS, JOACHIM (Hg.): Spinette der Finsternis. (1984) 73–95

GRACE, SHERRILL E.: «Under the Volcano»: Narrative Mode and Technique. In: Journal of Canadian Fiction 2 (1973), 57–61

GRACE, SHERRILL E.: Outward Bound. In: Canadian Literature 71 (1976), 73–79

GRACE, SHERRILL E.: Malcolm Lowry and the Expressionist Vision. In: SMITH, ANNE (ed.): The Art of Malcolm Lowry. (1978) 93–111

GRACE, SHERRILL E.: «The Voyage That Never Ends»: Malcolm Lowry's Fiction. Vancouver 1982

GRACE, SHERRILL E.: An assembly of apparantly incongruous parts – Intertextuality in Lowry's «Through the Panama». In: BOWKER/TIESSEN (ed.): Proceedings of the London Conference on Malcolm Lowry 1984. 135–165

HAAS, RUDOLF: Nachwort zu Malcolm Lowry: «Unter dem Vulkan». Reinbek 1963. 395–404

HADFIELD, DUNCAN: «Under the Volcano's» Central Symbols – Trees, Towers and Their Variants. In: BOWKER/TIESSEN (ed.): Proceedings of the London Conference on Malcolm Lowry 1984. 107–134

HADFIELD, DUNCAN: «Under the Volcano» and Conrad's «Heart of the Darkness». In: The Malcolm Lowry Review 17/18 (1985), 104–116

HADFIELD, DUNCAN: «Under the Volcano» and Conrad's «Youth». In: The Malcolm Lowry Review 17/18 (1985), 117–120

HADFIELD, DUNCAN: «Under the Volcano» and Gogol's «Diary of a Madman». In: The Malcolm Lowry Review 16 (1985), 78–83

HADFIELD, DUNCAN: «Under the Volcano's» Colour Fields. In: The Malcolm Lowry Review 19/20 (1986), 82–102

HARRISON, KEITH: Lowry's Allusions to Melville in «Lunar Caustic». In: Canadian Literature 94 (1982), 180–184

HEILMAN, ROBERT H.: The Possessed Artist and the Ailing Soul. In: WOODCOCK, GEORGE (ed.): Malcolm Lowry. (1971) 16–26

HENNECKE, HANS: Nach zehn Jahren Arbeit ein Meister-Erstling. In: Neue Zeitung, 27. Juli 1952

HILL, ART: The Alcoholic on Alcoholism. In: Canadian Literature 62 (1974), 33–48

HOVEN, HERIBERT: Das Abbild des Lebens – «Henrik Ghostkeeper». In: Schreibheft 28 (1986), 37–38

HOVEN, HERIBERT: «No more stories, nothing» – Zu Malcolm Lowrys Erzählungen aus dem Nachlaß. In: tageszeitung, 13. Januar 1987

JAKOBSEN, ARNT LYKKE: Introduction and Notes to Malcolm Lowry's «Under the Volcano». University of Copenhagen (Kopenhagen) 1980

KARASEK, HELLMUTH: Ein babylonischer Turm von Flaschen. In: Der Spiegel, 22. Oktober 1984, 248–255

KILGALLIN, ANTHONY R.: Faust and «Under the Volcano». In: Canadian Literature 26 (1965), 43–54

KILGALLIN, ANTHONY R.: The Long Voyage Home: «October Ferry to Gabriola». In: WOODCOCK, GEORGE (ed.): Malcolm Lowry. (1971) 78–90

KILGALLIN, ANTHONY R.: Lowry. Erin (Ontario) 1973

KIM, SUZANNE: Les œuvres de jeunesse de Malcolm Lowry. In: Études anglaises 18 (1965), 383–394

KIM, SUZANNE: Les lettres de Malcolm Lowry. In: Études anglaises 22 (1969), 58–61

KIRCHNER, GERHARD: Nachrichten aus dem Innern des Vulkans – Malcolm Lowrys Briefe und ein Materialienband. In: Frankfurter Allgemeine Zeitung, 10. August 1985

KIRCHNER, GERHARD: Sieg über die dunklen Mächte – Ein Romanfragment aus dem Nachlaß von Malcolm Lowry. In: Frankfurter Allgemeine Zeitung, 25. Oktober 1985

KIRK, DOWNIE: More than Music – Glimpses of Malcolm Lowry. In: Canadian Literature 8 (1961), 31–38

KNICKERBOCKER, CONRAD: Malcolm Lowry and the Outer Circle of Hell. In: The Paris Review 29 (1963), 12–13; deutsch in: LOWRY, MALCOLM: «Die letzte Adresse» und Erzählungen aus dem Nachlaß. Reinbek 1986. 5–7

KNICKERBOCKER, CONRAD: Swinging the Paradise Street Blues – Malcolm Lowry in England. In: The Paris Review 36 (1966), 13–38

KOEPPEN, WOLFGANG: Malcolm Lowry – Ein Schriftstellerporträt. In: Die Kultur, Februar 1955; ebenso in: Schreibheft 23 (1984), 115–117

KOERBER, BETTY TURNER: Humour in the Work of Malcolm Lowry. Ph. D. dissertation, University of California (Los Angeles) 1975

KRÜGER, MICHAEL: Das Lachen – Ein Husten. Erzählungen eines heiligen Trinkers. In: Die Zeit, 25. Mai 1979

KRÜGER, MICHAEL: In Satans Armen – Gedichte von Malcolm Lowry. In: Die
Zeit, 9. September 1983

KUBY, ERICH: Das Licht in der Seele. In: Süddeutsche Zeitung, 6. Dezember 1951

LORENZ, CLARISSA AIKEN: Call It Misadventure. In: The Atlantic (June 1970),
106–112

LOWRY, MARGERIE BONNER: Introductory Note. In: LOWRY, MALCOLM: Ultramarine. New York 1962; deutsch in: LOWRY, MALCOLM: Ultramarin. Reinbek
1982. 5–8

MACHLEIDT, DOROTHEA: Bewährungsfrist vor dem Tode. In: Zeitwende – die neue
Furche 37 (1966), 638–639

MAKOWIECKI, STEFAN: An Analysis of Humour in the Works of Malcolm Lowry.
In: Studia Anglica Posnaniensia 4 (1972), 195–201

MAKOWIECKI, STEFAN: Symbolic Pattern in «Under the Volcano». In: Kwartalnik
Neofilologicny 23 (1976), 455–463

MAKOWIECKI, STEFAN: Malcolm Lowry. Poznań 1977

MARKSON, DAVID M.: Malcolm Lowry – A Study of Theme and Symbol in «Under
the Volcano». Master's thesis, Columbia University (New York) 1952

MARKSON, DAVID M.: Malcolm Lowry's «Volcano» – Myth, Symbol, Meaning.
New York 1978

MARKSON, DAVID M.: Malcolm Lowry – A Reminiscence. In: Nation 202 (1966),
164–167; deutsch in: SARTORIUS, JOACHIM (Hg.): Spinette der Finsternis. (1984)
50–60

MAUREY, PIERRE: Lowry's Library – An annotated cataloque of Lowry's books at
The University of British Columbia. In: Malcolm Lowry Newsletter 7 (1980),
3–10

MCCONNELL, WILLIAM: Recollections of Malcolm Lowry. In: Canadian Literature 6 (1960), 24–31

MCNEILL, C. G.: A Memory of Malcolm Lowry. In: American Review 17 (1973),
35–39; deutsch in: SARTORIUS, JOACHIM (Hg.): Spinette der Finsternis. (1984)
39–42

MEYERS, JEFFREY: Angst and Art. In: Critical Quarterly 16 (1974), 370–377

MIDDLEBRO, TOM: The Political Strand in Malcolm Lowry's «Under the Volcano».
In: Studies in Canadian Literature 7 (1982), 122–126

MILLER, DAVID: Malcolm Lowry and the Voyage that Never Ends. London
1976

MÜLLER, MARIANNE: Untauglicher Ausweg aus bedrückender Umwelt. In:
Neues Deutschland, 27./28. Oktober 1979; ebenso in: Schreibheft 23 (1984), 131

NATTERMANN, UDO: Color in Malcolm Lowry's «Under the Volcano». In: The
Malcolm Lowry Review 19/20 (1986), 103–113

NEW, WILLIAM H.: Lowry's Reading – An Introductory Essay. In: Canadian Literature 44 (1970), 5–12

NEW, WILLIAM H.: Malcolm Lowry. Toronto 1971

NEW, WILLIAM H.: Gabriola – Malcolm Lowry's Floating Island. In: The Literary
Half-yearly 13 (1972), 108–118

NEW, WILLIAM H.: A Note on Romantic Allusions in «Hear Us O Lord». In:
Studies in Canadian Literature 1 (1976), 130–136

Nolte, Jost: «Der Name dieses Landes ist Hölle» – Wiederentdeckung eines Romans: Lowrys «Unter dem Vulkan». In: Die Welt, 28. November 1963

Nostitz, Oswalt von: Allerseelentag im amerikanischen Roman. In: Das literarische Deutschland, 25. November 1959

Noxon, Gerald: Malcolm Lowry: 1930. In: Prairie Schooner 37 (1964), 315–320; deutsch in: Sartorius, Joachim (Hg.): Spinette der Finsternis. (1984) 43–49

Nyland, Agnes Cecilia: Malcolm Lowry – The Writer. In: Lowry, Malcolm: Psalms and Songs. New York 1975. 139–184

O'Kill, Brian: Malcolm Lowry. In: The Times Literary Supplement, 26. April 1974, 447

O'Kill, Brian: Aspects of Language in «Under the Volcano». In: Smith, Anne (ed.): The Art of Malcolm Lowry. (1978) 72–92

O'Kill, Brian: The Role of Language in Lowry's Fiction. In: Bowker/ Tiessen (ed.): Proceedings of the London Conference on Malcolm Lowry 1984. 86–97

Pagnoulle, Christine: Par-delà les miroirs. In: Les lettres nouvelles 2/3 (1974), 170–183; deutsch in: Sartorius, Joachim (Hg.): Spinette der Finsternis. (1984) 147–159

Parsons, Ian: Malcolm Lowry. In: The Times Literary Supplement, 13. April 1967, 317

Perlmutter, Ruth: Malcolm Lowry's unpublished filmscript of «Tender Is The Night». In: American Quarterly 28 (1976), 561–574

Pottinger, Andrew: The Consul's Murder. In: Canadian Literature 67 (1976), 53–63

Rankin, Elizabeth: Writer as Metaphor in Malcolm Lowry's «Dark as the Grave». In: Twentieth Century Literature 3 (1982), 319–334

Rankin, Elizabeth: Malcolm Lowry's Comic Vision: «Elephant and Colosseum». In: Canadian Literature 101 (1984), 167–171

Read, Michael: Life's Great Conflagration. In: Southern Review 11 (1975), 257–266

Rohner-Radegast, Wolfgang: Erster Lektor für Lowry (deutsch) – Schicksalsfäden um «Unter dem Vulkan» – Eine Erinnerung, vielmehr schrittweise der Versuch dazu. In: Schreibheft 23 (1984), 47–61

Salloum, Sheryl: Malcolm Lowry: Vancouver Days. Vancouver 1987

Sartorius, Joachim: Ausgebrannt brenne ich lichterloh – Zu den Gedichten Malcolm Lowrys. In: Lowry, Malcolm: «Fünfunddreißig Mescals in Cuautla». Gedichte. Reinbek 1983. 183–188

Sartorius, Joachim: Malcolm Lowry. In: Arnold, Heinz Ludwig (Hg.): Kritisches Lexikon zur fremdsprachigen Gegenwartsliteratur. München o. J.

Schonauer, Franz: Tod in Mexiko. In: Deutsche Zeitung und Wirtschaftszeitung, 21. Dezember 1963

Schorer, Mark: The Downward Flight of a Soul. In: New York Herald-Tribune Weekly Book Review, 23. February 1947, 2; ebenso in: Wood, Barry (Hg.): Malcolm Lowry. (1980) 46–48

Schulz-Keil, Wieland: Die 67. Auslegung – Der Roman «Unter dem Vulkan» und seine Drehbücher. In: Sartorius, Joachim (Hg.): Spinette der Finsternis. (1984) 219–235

SKODORENKO, WLADIMIR: Nachwort (aus dem Russischen) zu «Unter dem Vulkan». Berlin (Ost) 1979. 551–563

SLADE, CAROLE: «Under the Volcano» and Dante's «Inferno» I. In: WOOD, BARRY (ed.): Malcolm Lowry. (1980) 143–151

SPARIOSU, MIHAI: Playing at Tragedy – Malcolm Lowry and His Fictional Doubles. In: SPARIOSU, MIHAI: Literature, Mimesis and Play – Essays in Literary Theory. Tübingen 1982. 115–127

SPENDER, STEPHEN: Introduction to «Under the Volcano». Philadelphia and New York 1965. VII–XXVI

STERN, JAMES: Malcolm Lowry – A First Impression. In: Encounter 29 (1967), 58–68; deutsch in: SARTORIUS, JOACHIM (Hg.): Spinette der Finsternis. (1984) 15–32

STROMBERG, KYRA: Von der Weltläufigkeit der Weltangst. In: Deutsche Zeitung, 17. November 1959

THOEL, ROLF: «Unter dem Vulkan». In: Welt am Sonntag, 24. Februar 1952

THOMAS, HILDA: Lowry's Letters. In: WOODCOCK, GEORGE (Hg.): Malcolm Lowry. (1971) 103–109

TIESSEN, PAUL: Malcolm Lowry and the Cinema. In: Canadian Literature 44 (1970), 38–49

TIESSEN, PAUL: Introduction and Notes to His Edition of Malcolm and Margerie Lowry «A Few Items Culled From What Started Out To Be a Sort of Preface to a Film-Script». In: White Pelican 4 (1974), 2–5, 19–20

TIESSEN, PAUL: Introduction to: Lowry, Margerie and Malcolm: Notes on a Screenplay for F. Scott Fitzgerald's «Tender Is the Night». Bloomfield Hills (Michigan) 1976. V–XIX

TIESSEN, PAUL: Something Forgotten, Something Lost – Gerald Noxon and the Creation of «Under the Volcano». In: TIESSEN/BOWKER (ed.): Proceedings of the London Conference on Malcolm Lowry 1984. 37–44

WALKER, RONALD G.: The Weight of the Past – Toward a Chronology of «Under the Volcano». In: Malcolm Lowry Newsletter 9 (1981), 3–23

WALKER, RONALD G.: The Pattern of Faustian Despair – Marlowe's Hero and «Under the Volcano». In: The Malcolm Lowry Review 16 (1985), 53–77

WILLIAMS, MARK: Countries of the Mind – Patrick White's Australia, Malcolm Lowry's Canada. In: World Literature Written in England 25 (1985), 127–136

WITTE, KARSTEN: Die Trunkenheit der Welt. In: Die Zeit, 26. Oktober 1984

WOHMANN, GABRIELE: Malcolm Lowry «Unter dem Vulkan». In: WOHMANN, GABRIELE: Meine Lektüre. Darmstadt und Neuwied 1980

WONDRATSCHEK, WOLF: Einleitung zu «Oktoberfähre nach Gabriola». In: LOWRY, MALCOLM: Oktoberfähre nach Gabriola. Reinbek 1981. 11–15

WONDRATSCHEK, WOLF: Vom Tod eines Trinkers. In: Stern, 8. Dezember 1983

WONDRATSCHEK, WOLF: Die Einsamkeit der Männer – mexikanische Sonette (Lowry-Lieder). Zürich 1983

WOOD, BARRY: At the Edge of Eternity: «The Forest Path to the Spring». In: WOOD, BARRY (ed.): Malcolm Lowry. (1980) 185–193

WOOD, BARRY: Malcolm Lowry's Metafiction – The Biography of a Genre. In: WOOD, BARRY (ed.): Malcolm Lowry. (1980) 250–273

WOODCOCK, GEORGE: Art as the Writer's Mirror – Literary Solipsism in «Dark as the Grave». In: WOODCOCK, GEORGE (ed.): Malcolm Lowry. (1971) 66–70

Woodcock, George: Under Seymour Mountain – A Note on Lowry's Stories. In: Woodcock, George (ed.): Malcolm Lowry. (1971) 38–41

Woodcock, George: The Own Place of the Mind – An Essay in Lowrian Topography. In: Smith, Anne (ed.): The Art of Malcolm. (1978) 112–129

York, Thomas: The Post-Mortem Point of View in Malcolm Lowry's «Under the Volcano». In: Canadian Literature 99 (1983), 35–46

Namenregister

Die kursiv gesetzten Zahlen bezeichnen die Abbildungen

Über den Autor

Heribert Hoven, Dr. phil., 1950 in Köln geboren, lebt in München und arbeitet dort als Lehrer und Publizist. Reise- und Leseerfahrungen flossen ein in verschiedene Veröffentlichungen über Malcolm Lowry und seine Umgebung.

Quellennachweis der Abbildungen